Bibliografische Information der Deutschen Nationalbibliothek:

Die Deutsche Bibliothek verzeichnet diese Publikation in der Deutschen National-
bibliografie; detaillierte bibliografische Daten sind im Internet über http://dnb.d-
nb.de/ abrufbar.

Impressum:

Copyright © 2016 GRIN Verlag, Open Publishing GmbH
Druck und Bindung: Books on Demand GmbH, Norderstedt Germany
ISBN: 9783668242678

Dieses Buch bei GRIN:

http://www.grin.com/de/e-book/334161/redaktionssysteme-im-vergleich-das-pro-
und-contra-von-freien-und-kostenpflichtigen

Ina Meyer

Redaktionssysteme im Vergleich. Das Pro und Contra von freien und kostenpflichtigen Programmen

GRIN Verlag

GRIN - Your knowledge has value

Projektbericht

Thema: Redaktionssysteme im Vergleich

Stuttgart, den 20.04.2016

Inhaltsverzeichnis

Abbildungsverzeichnis

Tabellenverzeichnis

1. Einleitung

Die Anforderungen an die Produktion von Printpublikationen haben sich in den vergangenen Jahren stark verändert. Ob Zeitungen oder Zeitschriften, ob Lernmittel oder Kataloge, ob Verlage, Schulen oder Industrieunternehmen, ob Artikel, Produktdaten, Geschäftszahlen oder andere Inhalte: der Bereich Print erfordert Know-how, Ressourcen und teils spezialisierte Arbeitsabläufe.

Um den Prozess von der Planung bis zur Erstellung der Printpublikationen sowie die Arbeitsabläufe weitestgehend zu unterstützen, nutzen viele Unternehmen Redaktionssysteme. Auch die AKAD University ist sich des Bedarfs bewusst und möchte nun ein leistungsfähiges System, dass den Anforderungen gerecht wird.

Diese Arbeit soll nun eine Entscheidungsgrundlage darstellen, die es möglich macht für die IT als auch für die zukünftigen Nutzer des Systems, eine fundierte Auswahl für ein Redaktionssystem zu treffen. Von diesem Ziel ausgehend werden Vergleichskriterien dazu beitragen, das System aus Sicht der AKAD zu bewerten. Hierfür werden zum einen allgemeine Kriterien genutzt, die sich neben den technischen Gesichtspunkten auch mit Usability beschäftigen. Weiterhin werden dann zusätzliche Kriterien ausgewählt, die für die Anforderungen der AKAD maßgeblich sind.

Verglichen werden führende Redaktionssysteme. Dabei werden verschiedene Lizenzvarianten in Betracht gezogen. So werden OpenSource-Varianten ebenso wie kostenpflichtige Systeme mit Userlizenzen verglichen.

Nachdem die gewählten Systeme anhand der Kriterien betrachtet wurden, erfolgt eine Auswertung mit schlussendlicher Bewertung der Systeme. Ziel soll es hierbei sein, eine Empfehlung für die AKAD University auszusprechen, welches System die meisten im Idealfall alle Anforderungen erfüllt. Diese Ergebnisse werden schlussendlich in einem Fazit zusammengefasst.

2. Motivation

Die AKAD Bildungsgesellschaft mbH stellt für ihre Studenten umfangreiche Studienmaterialien zur Verfügung. Dabei ist die Qualität der Materialien sehr wichtig. Für ein effizientes Arbeiten und ein qualitativ hochwertiges Resultat ist nicht nur das Know-How der Mitarbeiter der Fachabteilung essentiell, sondern auch die richtige und passende Software.

Bislang wurden die Dokumente in verschiedenen Systemen erstellt. Teilweise sind diese alt und nicht mehr auf dem aktuellen Stand. Erstellte Dateien wurden an verschiedenen Orten in unterschiedlichen Versionen abgelegt und mehrfach gesichert. Daraus resultierten ein hoher Speicherplatzbedarf und aufwendige Sicherungsmechanismen, um die Daten zu schützen und zu archivieren.

Die Lösung ist zwar praktikabel aber auch fehleranfällig und überholt. Um besseres, effizienteres, sicheres und auch schnelleres Arbeiten zu ermöglichen, war man sich schon seit langem bewusst, dass eine andere Lösung gefunden werden muss.

Gerade in technischen Redaktionen sind Redaktionssysteme weit verbreitet und fast schon ein Muss. Die Fachabteilung hat daher bereits im Vorfeld bereits den Markt nach für die AKAD geeigneten Systemen sondiert. Dabei wurden jedoch lediglich die größten sehr bekannten Anbieter in den Vergleich einbezogen. Bei der Vielfalt der auf dem Markt befindlichen Redaktionssysteme bietet sich aber ein größerer Vergleich an, der sowohl den kommerziellen als auch den Open-Source-Bereich abdeckt.

Bislang hat sich die AKAD Bildungsgesellschaft mbH nicht für ein Redaktionssystem entschieden. Die Gründe sind nicht zuletzt in den Kosten zu suchen. Dieser Projektbericht soll zeigen, dass es neben den gängigen, bekannten, kostenpflichtigen Systemen durchaus vergleichbare, kostenfreie Systeme gibt.

Außerdem soll dieser Bericht eine Grundlage für die Entscheidung für ein neues System in der AKAD Bildungsgesellschaft mbH geben.

3. Grundlagen

3.1. Der Begriff Redaktionssystem

„Bei einem Redaktionssystem handelt es sich um eine Computeranwendung, welche die redaktionelle Pflege von publizistischen Inhalten erlaubt. Zentrale charakteristische Eigenschaft eines Redaktionssystems ist die Trennung von Inhalten und ihre Darstellung."[1] „Wesentliches Merkmal ist die Trennung von Inhalten (Content), Datenstruktur und Design (Layout) sowie die Möglichkeit der Zugriffssteuerung bzw. Workflow. Redaktionssysteme gehören rein technisch gesehen zu den Content-Management-Systemen."[2]

Um die Definition noch zu erweitern, kann man sagen, dass es vier typische Kernfunktionen gibt, die Redaktionssysteme auszeichnen. Das sind Funktionen für das Erstellen, das Verwalten, das Übersetzen und das Publizieren.

Anhand dieser Kernfunktionen ergibt sich folgender einfach dargestellter Aufbau (siehe Abb. 1).

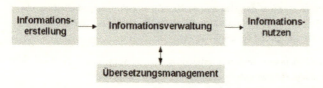

Abbildung 1: grober Aufbau eines Redaktionssystems
(Quelle:http://arakanga.de/uploads/RTEmagicC_Redaktionssystem_Aufbau.gif.gif)

Die Bezeichnung Redaktionssystem wird meist Hand in Hand mit dem Begriff Content-Management-System (CMS) verwendet. Man benutzt ihn zum einen für Web-CMS, die für die Gestaltung und Verwaltung von Internetseiten benutzt werden.

---

[1] Quelle: https://www.arocom.de/de/fachbegriffe/redaktionssystem
[2] Quelle: http://www.belsignum.de/typo3-internetagentur/redaktionssysteme.html

„Ein Content Management System (übersetzt: Inhalts-Verwaltungs-System / abgekürzt CMS) ist eine Software, die man meist Online verwendet, um vorwiegend Webseiten gemeinschaftlich verwalten zu können. Man spricht deshalb auch von einem Redaktionssystem."[3]

Andererseits wird er auch für Print-Publishing-CMS verwendet, die für Handbücher, Kataloge und allgemeine Technische Dokumentation zum Einsatz kommen. Aber die Grenzen verschwinden immer weiter. Ein gutes CMS kann Inhalte sowohl für Web, als auch für Print-Medien erzeugen und verwalten. Man spricht von Cross-Media-Publishing (CMP).

Ziel der Einführung eines Redaktionssystems ist häufig die Verbesserung der Prozesse und der Qualität, die Einsparung von Zeit und Kosten sowie die rechtzeitige Lieferung von korrekten Unterlagen.

„Ohne den Einsatz eines Redaktionssystems sind die Arbeiten in einem modernen Medienunternehmen heute kaum noch oder nur auf sehr ineffiziente Art zu leisten." [4]

In den letzten Jahren wurden Redaktionssysteme immer leistungsfähiger. Gerade in der technischen Dokumentation aber auch in anderen Bereichen werden Redaktionssysteme benötigt. Aber es gibt große Unterschiede zwischen den Systemen. Daher sind eine genaue Analyse und die Nutzung einer Projektmethodik wichtig. Die Prozessanforderungen des Unternehmens müssen klar definiert sein, damit das richtige System ausgewählt werden kann.

Im Folgenden werden nun verschiedene Arten von Redaktionssystemen genauer definiert.

3.2. Arten von Redaktionssystemen[5]

Man kann Redaktionssysteme auf verschiedene Weise einteilen. Als grobe Unterscheidung wäre folgende denkbar:

- einfache Redaktionssysteme
- XML-Redaktionssysteme
- spezialisierte Redaktionssysteme

Einfache Redaktionssysteme verwalten Dokumente und Metadaten. Sie nutzen in Teilbereichen XML und unterstützen die Steuerung von Workflows. Sie gelten als Nachfolger einfacher DTP-Lösungen. Sie verwalten neben Dokument-Modulen auch Grafiken und Multimediadateien. Außerdem sind sie leicht aber begrenzt durch den Benutzer anpassbar. Einfache CMS verwalten einzelne Dokumente, erlauben im besten Fall eine separate Grafik- und Terminologie-Verwaltung und geben am Ende ein bekanntes Format wieder aus.

---

[3] Quelle: http://www.janik.cc/webdesigner-blog/2012/04/cms-content-management-system/
[4] Quelle: Ehrhardt F. Heinold/PD Dr. Svenja Hagenhoff, Change Management in Fachverlagen
[5] Quelle: http://arakanga.de/redaktionssystemen/?L=%2Fproc%2Fself%2Fenviron

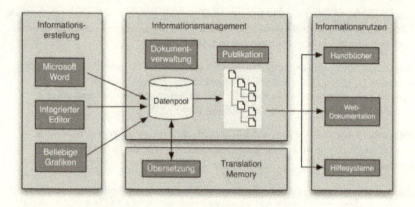

Abbildung 2: Einfaches Redaktionssystem
(Quelle:http://arakanga.de/uploads/RTEmagicC_Typ_einfache_Redaktionssysteme.gif.gif)

Ein einfaches Redaktionssystem hat verschiedene Vorteile:

- kann schnell eingeführt werden
- geringer Schulungs- und Einarbeitungsaufwand
- mögliche Gestaltung der Publikationsergebnisse
- kostengünstig
- Beschränkte XML-Funktion
- wenige Schnittstellen zu anderen Systemen
- geringfügig anpassbar

XML-Redaktionssysteme verwalten ebenfalls XML-, Nicht-XML-Dokumente und Metadaten und validieren gegen DTD/Schema. Ein XML-CMS bietet also alle Eigenschaften eines einfachen Redaktionssystems. Diese Systeme können auch die Inhalte der Dokumente interpretieren. Außerdem sind sie flexibel anpassbar. Wie der Name schon sagt unterstützen die Systeme XML und nutzen somit ein herstellerneutrales Datenformat. XML-Redaktionssysteme verwalten Info-Objekte modular und arbeiten mit einer strikten Trennung von Inhalt und Layout. Darüber hinaus verfügt es über Eigenschaften, die den Workflow einer Abteilung wesentlich beschleunigen und qualitativ verbessern können. Um dies zu gewährleisten sind meist verschiedenen Editoren integriert.

Schnittstellen ermöglichen die Arbeit mit anderen Systemen. So könnte man beispielsweise ein Produktdatenmanagementsystem (PDM) integrieren. Somit stehen Daten aus dem gesamten Unternehmenspool zur Weiterverarbeitung auf Knopfdruck zur Verfügung. Auch die Anbindung an ein externes Translation-Memory-System ist problemlos möglich. Aufgrund der verschiedenen zusätzlichen Funktionen unterscheiden sich auch im Aufbau (siehe Abb. 3).

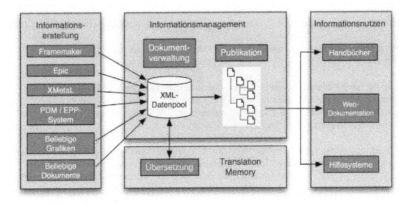

Abbildung 3: XML-CMS
(Quelle: http://arakanga.de/uploads/RTEmagicC_Typ_XML-Redaktionssysteme.gif.gif)

Spezialisierte Redaktionssysteme orientieren sich an den spezifischen Anforderungen eines bestimmten Marktes. Ihr grundsätzlicher Aufbau und der Umfang der Basisfunktionen entsprechen zumeist dem der XML-Redaktionssysteme. Allerdings handelt es sich dabei meist um Insellösungen, die spezifisch angepasst werden müssen, was oft sehr teuer ist.

4. Anforderungen an ein Redaktionssystem

4.1. Allgemeine Anforderungen

Die Auswahl eines passenden Redaktionssystems ist nicht einfach. Die Verantwortung ist groß, denn die Entscheidung beeinflusst viele Bereiche. So kann es beispielsweise notwendig sein, dass Arbeitsprozesse und Dokumentenformate eventuell geändert werden müssen. So stellen sich zwei sehr zentrale Fragen:

- Welches Produkt ist das Richtige?
- Wie kann man bei der Auswahl vorgehen?

Der erste Schritt ist jedoch zu definieren, welchem Zweck das System später dient und wie bzw. wo das künftige Redaktionssystem eingesetzt werden soll. Dabei ist es wichtig, nicht zu kurzfristig zu denken, denn das System muss in der Lage zu sein, sich auch zukünftigen Unternehmenssituationen anzupassen.

So entstehen weitere Fragen, die beachtet werden müssen:

- Möchte man nur eine Dokumentationsart produzieren?
- Wer arbeitet mit dem System?
- Wird das System in verschiedenen Abteilungen und für unterschiedliche Inhalte eingesetzt?
- Welche Anforderungen bestehen im Bereich Bedienbarkeit der Anwendung für Personen mit sehr unterschiedlichem Hintergrund und Wissensstand?

Neben dem technischen Know-How, das die Personen benötigen müssen, um mit einem Redaktionssystem zu arbeiten, ist natürlich auch die Art des Systems von zentraler Bedeutung.

Häufig geht die Tendenz sehr schnell in Richtung XML. Doch auch hier sollte man kritisch hinterfragen, ob diese Variante für die eigenen Anforderungen sinnvoll ist.

„Für Anwender mit komplexen Anforderungen bietet sich der Einsatz eines XML-basierten Redaktionssystems an. Diese Systeme sind insbesondere dann sinnvoll, wenn sowohl hohe Anforderungen an die Datenstrukturierung (Langlebigkeit, Sekundärnutzen usw.) als auch an die Datenorganisation (Modularisierung, Individualisierung usw.) gestellt werden."[6]

XML ist formatneutral. Die Information lässt daher gut strukturieren und in Datenbanken verwalten. So kann man sie für verschiedene Medien aufbereiten. Aber XML muss auch sinnvoll eingesetzt werden, damit die Vorteile dieses Formats nicht verloren gehen. Anstatt die Information mit Hilfe aussagekräftiger Tags wie <Ersatzteil>, <Programmschritt> zu kennzeichnen, werden oft reine Layoutinformationen wie <para>, <title> oder <footnote> benutzt. XML wird in solchen Fällen nur als Layoutinstrument genutzt, d.h. nicht die Information sondern das Aussehen der Information wird verwaltet.

Auch die Möglichkeit der Bearbeitung von Informationen in ferner Zukunft muss bedacht werden. XML-Dateien beispielsweise sind nicht unbedingt in 5 oder mehr Jahren ohne weiteres bearbeitbar, denn auch die XML-Struktur sich für einen bestimmten Dokumententyp entwickelt sich weiter.

Ein weiterer wichtiger Punkt für den Erfolg eines Redaktionssystems, wie man schlussendlich auf die Daten zugreift. Es stellen sich Fragen, wie:

- Wie finde ich meine Informationsbausteine in einer Datenbank wieder?
- Mit welchen Attributen werden sie versehen?

Man muss sich bewusst sein, dass, wenn man Informationen in einem Redaktions- oder Content-Management-System verwaltet werden möchte, diese dann auch eine gewisse Struktur haben müssen.

Jedoch reichen selbst die bisher beschriebenen Punkte nicht aus, um sich für ein Redaktionssystem zu entscheiden. So ist auch die Effizienz, mit der aus einer großen Menge an Bausteinen genau die richtigen gefunden und wie schnell diese dann zu einem Dokument zusammengesetzt werden, von zentraler Bedeutung. Dies beeinflusst die Leistungsfähigkeit des Systems.

Außerdem sollte man auch wissen, ob die Datenbank des Redaktionssystems mit alten Daten aufgefüllt werden kann oder ob man sich einen Datenbestand aufbauen muss. Dabei können Schnittstellen zu anderen Systemen hilfreich sein.

Grundsätzlich kann man sagen, dass die Anforderungen an ein Redaktionssystem so vielschichtig und unterschiedlich sind, wie es die jeweiligen Unternehmen am Markt sind. Da her ist es schwer, eine Entscheidungsmatrix für alle zu finden.

---

[6] Quelle: https://www.ovidius.com%2Fwp-content%2Fuploads%2FWhitepaper_AuswahlCMS_DE.pdf&usg=
AFQjCNEtcwmXbdPtxfJRr0FN7imWgqq6lQ&bvm=bv.119408272,d.d2s - S.2

Zusammenfassend gibt es aber zentrale Fragestellungen, die bei der Auswahl berücksichtigt werden sollten:

- Wer wird das Redaktionssystem verwenden?
- Sollte XML genutzt werden, sind alle Anwender in der Lage damit umzugehen oder besteht Schulungsbedarf?
- Nutzt das System einen eigenen Editor und/oder kann man auch mit externen Editoren wie Word oder FrameMaker arbeiten?
- Ist das System nur für bestimmte Dokumententypen geeignet oder kann ich alle wichtigen Publikationsarten damit erstellen?
- Kann das System in die IT-Umgebung des Unternehmens integriert?
- Muss das System angepasst werden?
- Muss die eigene Informationsstruktur angepasst werden oder kann das System damit umgehen?
- Wie findet das System die benötigten Bausteine? Wie präzise sind die Filter, die dabei verwendet werden können?
- Wie stellt das System ein neues Dokument zusammen und wie hoch ist der zusätzliche manuelle Aufwand?
- Gibt es Automatisierungsmöglichkeiten?
- Kann man Informationen aus dem Altsystem migrieren?

Natürlich sind Fragen nach Preis und Lizenzmodell der Software ebenfalls Auswahlkriterien, die beachtet werden müssen.

Es ist oft sinnvoll, die Entscheidung zur Auswahl nur gut durchdacht zu treffen. So können der Aufbau eines Pflichtenhefts und die Konsultation von den Leuten im Unternehmen, die mit dem Redaktionssystem bzw. mit dem Output des Systems arbeiten sollen, hilfreich sein.

Anhand dieser Schritte ergibt sich meist eine unternehmensspezifische Entscheidungsgrundlage mit eigenen Kriterien für die Auswahl.

4.2. Anforderungen bei AKAD

Die AKAD Bildungsgesellschaft mbH hat im Rahmen von verschiedenen Sitzungen mit den Fachabteilungen und Audits eine eigene Anforderungsübersicht erstellt, die bei der Auswahl eines passenden Redaktionssystems helfen sollte.

Dabei wurde in die Bereiche Eingabe, Technik und Administration näher beleuchtet und als zentrale Kriterien festgelegt.

Im ersten Teilbereich Eingabe wurden für die AKAD Bildungsgesellschaft mbH wichtige Punkte festgelegt, die für die Auswahl eines Redaktionssystems essentiell sind. So wurden verschiedene Systeme auf folgende Eigenschaften hin überprüft:

- Können Texte auch von externen Autoren mittels Web-Client eingegeben werden?
- Können Grafiken und Bilder eingebunden werden und wie erfolgt hier die Darstellung der Farben?

- Gibt es feste Formatvorlagen und wenn ja, wie viele?
- Kann man Stichworte markieren?
- Gibt es einen Formeleditor?
- Ist das System Latex-kompatibel?
- Verfügt das System über eine Rechtschreibprüfung?

Im Bereich Technik wurden weitere zentrale Kriterien festgelegt:

- Ist das System intuitiv bedienbar? Wie hoch ist der Schulungsaufwand?
- Handelt es sich um eine Serverlösung?
- Kann das Redaktionssystem in einer Cloud betrieben werden?
- Verfügt das System über eine Seitenlayout-Ansicht?
- Gibt es eine Druckfunktion?
- Kann man mit dem System Verzeichnisse generieren?
- Nutzt das System XML?
- Welche Dateiausgabeformate gibt es und kann man Varianten verwalten?
- Existieren Schnittstellen für Druckereien? Wenn ja, welche?

Da das System später effizient und sicher eingesetzt werden soll, wurden im dritten Teil Auswahlkriterien für den Bereich Administration festgelegt. So soll das Redaktionssystem auf folgende Punkte hin überprüft werden:

- Gibt es verschiedene Formatumgebungen (z. B. für Studienbrief, Lehrgangsanleitung, wissenschaftliche Publikation, Klausuren)?
- Gibt es eine Rechteverwaltung? Können Dateizugriffe geregelt werden?
- Kann man Rollen spezifizieren und verwalten (z.B. Autor, steuernder Mitarbeiter, Rechtschreibkorrektor, Studienleiter)
- Unterstützt das System die Dokumentenversionierung? Gibt es eine Historie zu Änderungen?
- Besteht die Möglichkeit der Anlage eines "Power-User" zur Qualitäts- und Terminkontrolle?
- Existiert eine automatisierte Terminkontrolle mit Frühwarnsystem?
- Wie erfolgt das Content Management?
- Existieren Workflowkonzept?
- Kann man Auswertungen und Statistiken erstellen?

Zur genauen Eingrenzung wichtiger Auswahlkriterien wurde in diesem Zusammenhang der Prozess zur Erstellung von Studienbriefen genau definiert. Anhand dieser Definition konnten die wichtigsten, für die AKAD Bildungsgesellschaft mbH relevanten Kriterien bestimmt werden.

Natürlich sollten auch hier der Preis bzw. die entstehenden Einmalkosten sowie die monatlichen Aufwände berücksichtigt und als Kriterium betrachtet werden.

5. Vorbereitung für einen Vergleich

5.1. Festlegung der Vergleichskriterien

Grundlegend kann man sagen, ergeben sich die Vergleichskriterien automatisch durch die Anforderungen. Die Anforderungen sollten die Basis für den Vergleich darstellen. Anhand der Analyse des Prozesses der Erstellung von Studienbriefen innerhalb der AKAD Bildungsgesellschaft mbH konnte so sehr schnell die Entscheidungsmatrix aufgebaut werden.

Da es aber auch sehr viele Kriterien gibt, die für jedes Unternehmen wichtig sind, wurden in dieser Arbeit weitere allgemeine Kriterien festgelegt, die für einen Vergleich genutzt werden sollten.

Die allgemeinen und AKAD-spezifischen Kriterien werden im Folgenden benannt. In einer zusammenfassenden Tabelle werden am Ende jedes Kapitels die Kriterien ausgewählt und definiert, die für den Vergleich genutzt werden und die Grundlage des Vergleiches bilden.

5.1.2. Allgemeine Kriterien

Die Ausführungen werden die allgemeinen Auswahlkriterien für den Vergleich festlegen. Eventuelle Überschneidungen mit Kriterien der AKAD Bildungsgesellschaft werden farbig in einer zusammenfassenden Tabelle am Ende des Kapitels hervorgehoben.

Der erste Bereich umfasst die Inhaltserstellung. Die Inhaltserstellung ist bei den meisten Unternehmen der häufigste Anwendungsbereich. Eine intuitive Eingabe und Verwaltung der Inhalte wird daher vorausgesetzt egal ob es sich um nutzergenerierten Inhalt (User Generated Content) handelt oder nicht. Jedoch muss geklärt werden, welche Inhalte integriert werden können. Ein weiterer Punkt ist die Mehrsprachigkeit, denn über das Internet können einfach neue und interessante Märkte und Zielgruppen auf der ganzen Welt ohne hohe Kosten erschlossen werden. Aufgrund dessen ergeben sich folgende Vergleichskriterien im Bereich Inhaltserstellung:

-   WYSIWYG – Editor vorhanden
-   Integration eigener Skripte
-   Direkte Einbindung anderer Medienformate außer Bilder
-   Blog-System vorhanden
-   Rechtschreibprüfung
-   Vorschaufunktion
-   Mehrsprachigkeit
-   Manuelle Eingabe von Metadaten wie Schlagwörter und Beschreibung.

Auch die Benutzerverwaltung ist ein wichtiges Kriterium zur Auswahl eines Redaktionssystems. Die Anzahl der Autoren, Redakteure, Moderatoren, zu verwaltender Inhalt und die Komplexität der gewünschten Workflows bilden hier die Basis für die Entscheidung.

Daher werden für die Beurteilung der Redaktionssysteme folgende Punkte genutzt:

- Mandantenfähigkeit
- Möglichkeit zur Definition von Benutzergruppen bzw. Rollen
- Vererbung von Benutzerrechten
- Einschränkung von Benutzerrechten
- Mehrstufige Freigabekontrolle und Workflows.

Die Benutzeroberfläche ist ein wichtiger Faktor bei der Entscheidung für ein Redaktionssystem, denn wenn die Oberfläche nicht leicht verständlich und übersichtlich aufgebaut ist kann das Erstellen, Bearbeiten und Verwalten von Seiten, Inhalten und Benutzern sehr zeitaufwendig werden. Aufgrund dessen wurden für diesen Bereich folgende Vergleichskriterien ausgewählt:

- Intuitive Bedienung
- Funktionsumfang
- Konfiguration des Backends (z.B. durch Reduzierung der Eingabefelder).

Nicht zu unterschätzen ist auch der Service und Support. Wenn ein CMS über entsprechende Informationen und Ressourcen verfügt, profitiert man von einer guten Dokumentation und Tutorials in der gewünschten Sprache. Eine aktive Community gerade bei Open-Source-Projekten bietet nicht nur Antworten bei Fehlermeldungen und Warnungen, sondern entwickelt kontinuierlich die CMS Lösungen weiter und bietet immer neue Funktionen, Erweiterungen und Module.

Für den Vergleich sollen folgende Kriterien genutzt werden:

- Dokumentation und Tutorials
- Community
- Support
- Integrierte Update & Patches.

Letztlich ist der Bereich Installation ein grundlegendes Kriterium, das beachtet werden muss. Je umfangreicher und komplexer das Redaktionssystem ist, desto mehr Fachwissen und Erfahrung ist erforderlich um das CMS selbstständig zu installieren oder zu warten. Daher werden hier folgende Kriterien im Vergleich berücksichtig:

- Installationsaufwand
- Konfigurationsaufwand
- Benutzerfreundlichkeit für Redakteure
- Benutzerfreundlichkeit für Administratoren
- Strukturelle Flexibilität
- Systemvoraussetzungen.

Viele Redaktionssysteme haben eine eigene Template-Sprache, die sozusagen das Alleinstellungsmerkmal des Systems ist. Dies erhöht natürlich den Schulungsbedarf bei der Einführung des Systems. Ein weiteres Thema sind die Schnittstellen, wenn Daten auf anderen Portalen veröffentlicht oder lokale Daten in das Redaktionssystem importiert oder synchronisiert werden sollen.

Im Bereich Erweiterbarkeit und Kompatibilität wurden daher folgende Punkte für den Vergleich ausgewählt:

- Erweiterung über Extentions/Module möglich
- Erweiterung und Integration
- Backend komplett browserbasiert
- Reporting Funktionen
- XML-Schnittstelle
- Webstandards
- Template-Sprache.

Da nicht alle Kriterien, die eine Auswahl beeinflussen könnten, können in diesem Vergleich berücksichtigt werden. Dies würde den Rahmen dieser Arbeit sprengen. Dennoch sollen noch die finanziellen und lizenzrechtlichen Kriterien abgedeckt werden. Diese bilden dann den Abschluss der allgemeinen Vergleichskriterien. Im Bereich Preis/Kosten ergeben sich folgende Kriterien:

- Einmalkosten
- Monatliche Kosten
- Lizenzmodell.

Zusammenfassend ergeben sich nun folgende allgemeinen Vergleichskriterien:

Bereich	Vergleichskriterium
Inhaltserstellung	WYSIWYG – Editor vorhanden
	Integration eigener Skripte
	Direkte Einbindung anderer Medienformate außer Bilder
	Blog-System vorhanden
	Rechtschreibprüfung
	Vorschaufunktion
	Mehrsprachigkeit
	Manuelle Eingabe von Metadaten wie Schlagwörter und Beschreibung
Benutzerverwaltung	Mandantenfähigkeit
	Möglichkeit zur Definition von Benutzergruppen bzw. Rollen
	Vererbung von Benutzerrechten
	Einschränkung von Benutzerrechten
	Mehrstufige Freigabekontrolle und Workflows.
Benutzeroberfläche	Intuitive Bedienung
	Funktionsumfang
	Konfiguration des Backends (z.B. durch Reduzierung der Eingabefelder).
Service & Support	Dokumentation und Tutorials
	Community
	Support
	Integrierte Update & Patches.
Installation	Installationsaufwand
	Konfigurationsaufwand
	Benutzerfreundlichkeit für Redakteure
	Benutzerfreundlichkeit für Administratoren
	Strukturelle Flexibilität
	Systemvoraussetzungen

	Erweiterung über Extentions/Module möglich
	Erweiterung und Integration
	Backend komplett browserbasiert
Erweiterbarkeit & Kompatibilität	Reporting Funktionen
	XML-Schnittstelle
	Webstandards
	Template-Sprache
	Einmalkosten
Preis & Kosten	Monatliche Kosten
	Lizenzmodell

Tabelle 1: allgemeine Kriterien für den Vergleich von Redaktionssystemen
(graue Markierungen zeigen Überschneidungen mit den Anforderungen der AKAD)

5.1.2. Wichtige Kriterien für AKAD

Die AKAD Bildungsgesellschaft mbH hat in verschiedenen Konferenzen, Sitzungen und Audits den Prozess zur Erstellung von Studienbriefen definiert und dokumentiert. Anhand dessen und durch Gespräche und Diskussionen mit entsprechenden Fachabteilungen wurde eine Übersicht über die Anforderungen an ein Redaktionssystem bei der AKAD Bildungsgesellschaft mbH erstellt. Diese Anforderungen stellen gleichzeitig die Vergleichskriterien dar. Da die Anforderungen bereits beschrieben wurden, wird hier auf eine genaue Erläuterung der Kriterien verzichtet.

Als Zusammenfassung zeigt die folgende Tabelle die Kriterien, die für die AKAD Bildungsgesellschaft mbH für einen Vergleich und die spätere Auswahl eines Redaktionssystems dienen sollen:

Bereich	Anforderungen/Kriterien
	Texteingabe durch externe Autoren über Web-Client
	Einbinden von Grafiken/Bildern (Farben)
	Feste und wenige Formatvorlagen
Eingabe	Stichwortmarkierung
	Formeleditor
	Latex-Kompatibilität
	Rechtschreibprüfung
	Intuitive Bedienbarkeit (geringer Schulungsaufwand)
	Server-/Cloudlösung
	Seitenlayoutansicht
Technik	Druckfunktion
	Verzeichnisgenerierung
	Datenhaltung in XML
	Dateiausgabeformate (Word, PDF, online, E-Pub)/Variantenverwaltung
	Schnittstelle Druckerei

	Verschiedene Formatumgebungen (z. B. für Studienbrief, Lehrgangsanleitung, wissenschaftliche Publikation, Klausuren)
	Rechteverwaltung/Dateizugriffe
	Rollenverwaltung (Autor, steuernder MA, Rechtschreibkorrektor, Studienleiter)
	Dokumentenversionierung/Historie (Versionsverwaltung)
Administration	"Power-User" zur Qualitäts-/Terminkontrolle
	Automatisierte Terminkontrolle (Frühwarnsystem/Ampel)
	Content Management
	Workflowkonzept
	Statistik
Konditionen	einmalige Kosten
	laufende Kosten

Tabelle 2: AKAD-spezifische Kriterien für den Vergleich von Redaktionssystemen
(graue Markierung zeigen Überschneidungen mit den Anforderungen der AKAD)

5.2. Auswahl der Redaktionssysteme

Die Zahl der am Markt erhältlichen Redaktionssysteme ist sehr groß. Wenn man den Nutzen von Redaktionssystemen erkannt und sich zur Einführung entschlossen hat, steht man vor der schwierigen Aufgabe, das passende System auszuwählen.

Die Grundlage für einen Vergleich ist die Auswahl verschiedener Systeme, die verglichen werden sollen. Dabei ist eine grobe Marktanalyse sinnvoll. Abbildung 4 zeigt die Marktanteile von CMS-Systemen. Dabei fällt auf, dass Wordpress prozentual am häufigsten genutzt wird gefolgt von Joomla und Drupal.

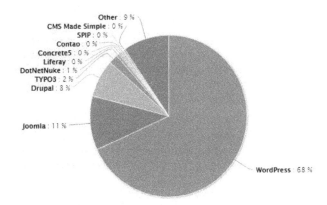

Abbildung 4: Marktanteile CMS-Systeme
(Quelle: http://www.opensourcecms.com/general/cms-marketshare.php)

Der Einsatz richtet sich nach vielen Kriterien. Neben den typischen Funktionalitäten, benötigt jedes Unternehmen noch spezielle Funktionen, die das Redaktionssystem mitbringen muss. Der Umfang, der Preis und die Handhabung sind zentrale Auswahlkriterien, die auch darüber entscheiden, welche Systeme man überhaupt vergleichen möchte. Bei den Marktführern sind Preis und Umfang entscheidend für den Ausschluss gewesen.

Wenn man sich auf dem Markt umsieht, erhält man viele Informationen, Meinungen und auch Vergleiche mit dem System Author-it. „Die Author-it Software Corporation (ASC) ist ein weltweit führender Anbieter von Unternehmenssoftware für Texterstellung, Content Management, Veröffentlichung und Lokalisierung. Das Kernprodukt Author-it ist eine Gesamtlösung für Content Management, mit der Inhalte in unterschiedlichen Formaten veröffentlicht werden können. (…) Author-it wird von über 3.500 Kunden in mehr als 50 Ländern eingesetzt und von Fortune 100-Unternehmen für den weltweiten Einsatz genutzt; mit anderen Worten: Es ist eines der weltweit beliebtesten Content Management-Tools."[7] Die Funktionsvielfalt ist auf den ersten Blick sehr vielversprechend. Daher ist dieses Redaktionssystem der erste Kandidat für einen Vergleich.

Für kleinere Unternehmen oder Abteilungen mit wenigen Redakteuren bietet sich ST4 Basic Line an. „ST4 Basic Line ist das Profi-Redaktionssystem für kleinere Redaktionen bis 5 Redakteure (…). Die Standardkonfiguration basiert auf jahrelanger Erfahrung im Dokumentationsbereich und erfordert keine Anpassung, so dass das System zeitnah in Betrieb genommen werden kann." [8] Die schnelle Inbetriebnahme bedeutet auch Kostenersparnis im Einführungsprozess. Außerdem ist das System sehr offen gestaltet und mit einer Vielzahl an Schnittstellen ausgestattet. Aufgrund dieser Vorteile soll auch dieses System näher im Vergleich beleuchtet werden.

Ein weiteres System ist InterRed. „Laut "W3Techs.com" ist InterRed das Content Management System mit dem größten Marktanteil an Hochlast-Websites." [9] Das System ist medienneutral und mit Zusatzkomponenten beliebig erweiterbar. Damit ist der Funktionsumfang individuell einstellbar. Inwieweit es den Ansprüchen der AKAD Bildungsgesellschaft mbH genügt, soll der Vergleich mit den anderen Systemen zeigen.

Redaxo ist mit einem Marktanteil von 1% ein unbekannteres System. Es ist allerdings ein OpenSource-System und kann auch im kommerziellen Bereich kostenfrei eingesetzt werden. Es ist aufgrund des offenen Codes sehr flexibel, weil die Nutzer immer wieder neue Funktionalitäten zum System hinzufügen. Die Flexibilität und die finanzielle Komponente machen das System so interessant, dass es für den Vergleich in Frage kommt.

Ein weiteres OpenSource-System ist CouchCMS. Es ist bekannt für seine Unkompliziertheit. Kenntnisse in einer Programmiersprache sind zwar hilfreich aber nicht zwingend notwendig. Es gehört zu den am besten dokumentiertesten OpenSorce-Redaktionssystemen und besitzt eine breite Community. Auch dieses System soll als weiterer OpenSource-Vertreter innerhalb dieser Arbeit verglichen werden.

---

[7] Quelle: http://www.lionbridge.com/de-de/our-company/partners/
[8] Quelle: http://www.schema.de/de/software/schema-st4/st4-basic-line.html
[9] Quelle: http://www.interred.de/artikel/CMS-mit-den-meisten-Hochlast-Portalen_176421.html

Ein auch eher unbekannteres System mit einem Marktanteil von gerade mal 0,2% und 6854 Nutzern ist concrete5[10]. Es ist ein kostenloses System, das noch nicht lange auf dem Markt ist. Im Unterschied zu anderen CMS werden die Inhalte nicht in einem Administratorbereich sondern einem direkten Frontend bearbeitet. Es ist sehr einfach gestaltet und intuitiv bedienbar. Auch dieses System soll als kostenloses CMS mit den anderen etablierteren Systemen verglichen werden.

Als letztes System soll Confluence noch beim Vergleich berücksichtigt werden. Die Idee von Confluence ist eher die einer Wiki. Jedoch bietet es auf den ersten Blick auch alle Funktionalitäten, die sich die AKAD Bildungsgesellschaft mbH vorstellt. Es ist gerade für eine ausgereifte Teamarbeit geeignet und bekommt noch zusätzliche Funktionalitäten durch die nahtlose Sharepoint-Integration. Da es sich hierbei nicht um ein typisches Redaktionssystem handelt, ist dieses System eher ein Außenseiter im Vergleich.

Natürlich gibt es noch viele andere Redaktionssysteme auf dem Markt. Die bekanntesten Systeme sind leider auch sehr teuer und entfallen daher beim Vergleich. Andere sind für andere Bereiche konzipiert und können daher nicht im Vergleich berücksichtigt werden.

In den folgenden Kapiteln werden die einzelnen Systeme genauer vorgestellt und anhand der gewählten Kriterien bewertet.

6. Vergleich

6.1. Author-it[11]

Author-it ist eine Kombination aus einem XML-basierten Hilfewerkzeug und einem datenbankgestützten Content Management-System. Das Tool ermöglicht das Arbeiten mit Textbausteinen und Variablen, damit häufig wiederkehrende Elemente in die Topics eingefügt werden können. Um Inhalte zentral im Textbaustein verwenden zu können oder in der Variable aktualisieren zu lassen, müssen sie wenigstens einmal erfasst werden. Textpassagen, Grafiken oder auch komplette Topics aus Ausgabeformaten auszuschließen, ist ein weiteres Element des Single-Sourcing. Man kann beispielsweise Textpassagen für verschiedene Benutzergruppen verfassen und diese je nach Bedarf ein- bzw. ausblenden. Hier nutzt Author-it einen streng objektorientierten Ansatz und steuert das Einbinden der Objekte in Ausgabeformate über Templates auf allen Objektebenen sowie über Varianten. Regeln im Publikationsprofil steuern die Anzeige von Topics in Ausgabeformaten.

Das stark modular aufgebaute System ist als Einzelplatzlösung bis zum umfangreichen Redaktionssystem mit Zusatzmodulen erhältlich. Je nach Zusammenstellung des Systems variieren die Lizenzkosten. Außerdem entstehen weitere jährliche Kosten für einen Maintenance-Plan, der Support und Upgrades beinhaltet. Der Abschluss dieses Plans ist im ersten Jahr Pflicht. Die Basis-User-Lizenz von Author-it umfasst den Editor, die Verwaltung, Import und Export, die Publikation der Ausgabeformate und das Workflow-Management.

---

[10] Quelle: http://www.gratis-cms.com/allgemein/top-4-kostenlose-cms-systeme-1239.htm
[11] Quelle: http://www.author-it.de/

Author-it erfordert eine lokale Installation auf den einzelnen Rechnern der Nutzer. Um mit dem System arbeiten zu können, muss dem Projekt im Author-it-Administrator der Lizenzschlüssel zugeordnet werden. Bei mehr als fünf Nutzern ist ein Datenbankserver notwendig.

Die Architektur von Author-it mit seinem konsequent objektorientierten Ansatz ist komplex. Dies fordert eine große Einarbeitungszeit zum sicheren und effektiven Arbeiten. Die Bedienoberfläche ist stark an das Design der Microsoft-Office-Programme angelehnt, sodass sich die Bedienung des Programms für Office- Anwender relativ schnell erschließt. Allerdings ist die Basissprache der Bedienelemente Englisch.

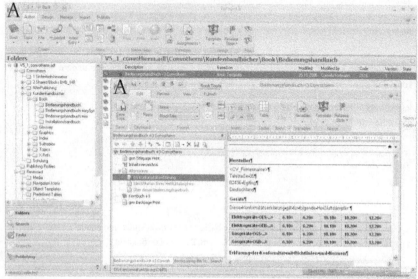

Abbildung 5: Author-it Benutzeroberfläche
(Quelle: http://arakanga.de/typo3temp/pics/author-it_01900x579.png)

Auch das Hilfesystem steht nur in englischer Sprache zur Verfügung. Das Programm verfügt über ein Online-Knowledge-Center mit Videos und Tutorials sowie einen Link zu einem User Forum.

Zum Erfassen von Texten arbeite Author-it mit einem WYSIWYG-Editor. Bilder, Textbausteine und Hyperlinks können über Drag&Drop in den Editor gezogen und somit in das Topic eingefügt werden. Die Textbausteine übernehmen dabei das Absatzformat des Topics. Weiterhin ist es möglich, im Textbaustein selbst Zeichenformate über den Editor zuzuweisen, die dann auch im Topic in allen Ausgabeformaten richtig angezeigt werden.

Das System stellt Informationen über die Verwendung der Objekte zur Verfügung. Dazu findet man im Author-it-Administrator einen Report zu den verlinkten Objekten, in dem man sehen kann, welche Objekte nicht gefunden werden.

Author-it stellt eine Reihe an Ausgabeformaten zur Verfügung. Dazu gehören Word (*.doc, *.docx), PDF, HTML, XHTML, WebHelp, Microsoft-HTML-Help (*.chm), JavaHelp, OracleHelp, XML und Author-it DITA. Nicht unterstützt werden WebHelp-Pro, FlashHelp, FlashHelp-Pro, Adobe AIR und ePub. Neben den Ausgabeformaten unterstützt Author-it auch noch eine Reihe von Import-Varianten. So können Word-, RTF-, HTML- und XML-Dateien mit und ohne DITA-Templates sowie MS WinHelp-, MS HTML Help- und RoboHelp-Projekte importiert werden. Wenn zusätzlich das Zusatz-Modul Author-it MIF Importer installiert ist, können auch noch FrameMaker-Dateien importiert werden. Der Import von PDF-Dokumenten wird nicht unterstützt.

Die Gestaltung der Ausgaben wird in Author-it über die Objekt-Templates festgelegt. Der Editor bietet für alle Objekte Templates an, die dann in eigenen Projekten angepasst werden können. Um die Formatvorlagen anzupassen, werden Kenntnisse im Erstellen von Word-Formatvorlagen vorausgesetzt. Für eine aufwendigere Gestaltung der Online-Hilfe sind CSS- und HTML-Kenntnisse hilfreich. Absatz- und Zeichenformate werden in der Regel korrekt in die Ausgabeformate übernommen. Für die Darstellung der Grafiken und Hyperlinks existiert eine eigene Formatvorlage. Damit kann die Darstellung für die unterschiedlichen Ausgabeformate getrennt definiert werden.

Der Nachbearbeitungsaufwand für das Word-Dokument hält sich bei Author-it in Grenzen. Das System bietet mit den „After Publish Macros" die Möglichkeit, bestimmte Arbeitsabläufe durch Word-Makros nach dem Publizieren zu automatisieren.

Wenn das zu bearbeitende Projekt auf einem für alle Beteiligten zugänglichen Laufwerk liegt, paralleles Arbeiten ist mit dem Programm problemlos möglich. Die Nutzer mit ihren Berechtigungen müssen lediglich im Author-it Administrator angelegt werden. Das System sperrt das von einem Nutzer geöffnete Topic für alle anderen Nutzer. Sobald das Topic gespeichert und geschlossen ist, können andere Nutzer wieder darauf zugreifen. Um den Stand der Bearbeitung zu kennzeichnen, können im Author-it-Administrator verschiedene farbig markierte Releasestatus definiert werden. Die Benutzer können die Releasestatus beim Arbeiten im Editor zuweisen.

Bei Übersetzungsprojekten kann man mit Author-it Inhalte nach bestimmten Kriterien, wie z. B. Änderungsdatum, Autor oder Releasestatus filtern und eine XML-Datei generieren. So werden Kosten bei der Übersetzung gespart. Mit dem Zusatz-Modul Author-it Localization Manager werden Objekte automatisch nach Änderungen gefiltert, in eine neue Library kopiert und eine übersetzungsrelevante XML-Datei generiert.

Wenn ein Nutzer eine Lizenz für Author-it kann er ein eigenes Format für Kommentare im Stylesheet definieren, dem auch eine Farbe zugewiesen werden kann. Reviewer, die Zugriff auf das Projekt haben, können so ihre Kommentare direkt in die Topics schreiben. Weiterhin kann man ein PDF mit der Edit-Schaltfläche generieren und an die Review-Teilnehmer senden. Wird die Edit-Schaltfläche im PDF betätigt, öffnet sich der Topic-Editor und der Text kann bearbeitet werden. Dies setzt jedoch Author-it-Kenntnisse und installierte Software beim Reviewer voraus. Mit den Zusatzmodulen Author-it Live und Author-it Reviewer ist die Durchführung eines webbasierten Reviews möglich. Dadurch können mehrere Personen gleichzeitig Inhalte überprüfen. Alle Korrekturlesenden sehen die Änderungswünsche der anderen und können diese wiederum kommentieren. Der verantwortliche Redakteur steuert den Review-Prozess und legt fest, welche Korrekturen und Kommentare übernommen werden.

Hat ein Reviewer keine Author-it-Lizenz, so kann er ein Word-Dokument für das externe Review nutzen. Dies kann mit dem System generiert werden. Änderungen müssen jedoch anschließend manuell in den Editor eingepflegt werden.

Zusammenfassend kann man sagen, dass Author-it vom Umfang her sehr komplex ist. Es hat seine Stärke in den Ausgabeformaten. Je differenzierter die Ausgabeformate sein müssen, desto besser kann das Programm damit umgehen. Die Differenzierungsmöglichkeiten sind groß und die Umsetzung in den Ausgabeformaten erfolgt korrekt. Für Projekte mit derartigen Anforderungen lohnt sich auch die längere Einarbeitungszeit in das Tool. Für paralleles Arbeiten an Projekten bietet Author-it einen einfachen Workflow, weil man das Projekt einfach in einem gemeinsamen Ordner im Netzlaufwerk bearbeiten kann. Für Übersetzungen bietet Author-it eine sehr gute Unterstützung.

Für den Vergleich wird nun Author-it anhand der festgelegten Kriterien bewertet.

	Bereich	Anforderungen/Kriterien	Bewertung
AKAD	Eingabe	Texteingabe durch externe Autoren über Web-Client	ja
		Einbinden von Grafiken/Bildern (Farben)	ja
		Feste und wenige Formatvorlagen	ja
		Stichwortmarkierung	ja
		Formeleditor	ja *
		Latex-Kompatibilität	nein
		Rechtschreibprüfung	ja
	Technik	Intuitive Bedienbarkeit (geringer Schulungsaufwand)	ja (Komplexität fordert erhöhten Schulungs-aufwand)
		Server-/Cloudlösung	ja (beides)
		Seitenlayoutansicht	ja
		Druckfunktion	ja
		Verzeichnisgenerierung	ja
		Datenhaltung in XML	ja
		Dateiausgabeformate (Word, PDF, online, E-Pub)/Variantenverwaltung	ja (kein ePub)
		Schnittstelle Druckerei	ja
	Administration	Verschiedene Formatumgebungen (z. B. für Studienbrief, Lehrgangsanleitung, wissenschaftl. Publikation, Klausuren)	ja
		Rechteverwaltung/Dateizugriffe	ja
		Rollenverwaltung (Autor, steuernder MA, Rechtschreibkorrektor, Studienleiter)	ja
		Dokumentenversionierung/Historie (Versionsverwaltung)	ja
		"Power-User" zur Qualitäts-/Terminkontrolle	ja
		Automatisierte Terminkontrolle (Frühwarnsystem/Ampel)	ja*
		Content Management	ja
		Workflowkonzept	ja*
		Statistik	ja*
	Konditionen	einmalige Kosten	ca. 37.670 €**
		laufende Kosten	96.158 €**

	Inhaltserstellung	WYSIWYG – Editor vorhanden	ja
		Integration eigener Skripte	ja
		Direkte Einbindung anderer Medienformate außer Bilder	ja
		Blog-System vorhanden	nein
		Vorschaufunktion	ja
		Mehrsprachigkeit	ja
		Manuelle Eingabe von Metadaten wie Schlagwörter und Beschreibung	ja
	Benutzerverwaltung	Mandantenfähigkeit	nein
		Möglichkeit zur Definition von Benutzergruppen bzw. Rollen	ja
		Vererbung von Benutzerrechten	nein
		Einschränkung von Benutzerrechten	ja
		Mehrstufige Freigabekontrolle und Workflows	ja
	Benutzeroberfläche	Funktionsumfang	groß, komplex
		Konfiguration des Backends (z.B. durch Reduzierung der Eingabefelder).	nein
	Service & Support	Dokumentation und Tutorials	ja
		Community	ja
		Support	ja
		Integrierte Update & Patches	ja
	Installation	Installationsaufwand	gering
		Konfigurationsaufwand	normal
		Benutzerfreundlichkeit für Redakteure	sehr benutzer-freundlich
		Benutzerfreundlichkeit für Administratoren	sehr benutzer-freundlich
		Strukturelle Flexibilität	gering
		Systemvoraussetzungen	normal
Eigene/allgemein	Erweiterbarkeit & Kompatibilität	Erweiterung über Extentions/Module möglich	ja
		Erweiterung und Integration	ja
		Backend komplett browserbasiert	ja
		Reporting Funktionen	nein
		XML-Schnittstelle	ja
		Webstandards	HTML5, XHMTL, XML, Javascript
		Templatesprache	HTML
	Preis & Kosten	Lizenzmodell	Base-User-Lizenz, Professional-Lizenz, Enterprise-Lizenzen, anpassbares Lizenz-modell

* realisierbar mit Zusatzmodul oder Plugin
** Recherche der AKAD

Tabelle 3: Bewertung Author-it

Author-it ist ein Single Source Publishing System, das von einem technischen Autor konzipiert wurde. Wenn es einmal eingerichtet ist, ist der Dokumentationsprozess standardisiert. Inhalte können wieder verwendet werden. Verwaltung von Bild und Text ist möglich. Inhalte können in "Büchern" unterschiedlich zusammengestellt werden.

Author-it ist bei der Generierung so "intelligent", dass nur Links zu enthaltenen Inhalten erzeugt werden, es gibt also keine "broken links". Über das doc-Format (Word) kann man PDFs produzieren. Die Druckerei kann das Dokument direkt verarbeiten.

Eine der Stärken von Author-it ist auch die Importmöglichkeit. Man kann vorhandene Worddokument, HTML-Datei und auch Framemaker-Dateien importieren. Es ist möglich Importregeln aufzustellen, damit werden den Texten schon Formatvorlagen zugewiesen. Alles in allem ist Author-it also ein sehr komplexes und mächtiges System. Jedoch ist dieser Aspekt auch ausschlaggebend für den Preis. Das Grundsystem wird zwar in einem guten Preis-Leistungsverhältnis vertrieben. Aber die laufenden Kosten und die Kosten für Zusatzmodule und Plugins lassen den finanziellen Rahmen gerne sprengen.

6.2. ST4 Basic Line [12]

ST4 Basic Line ist ein Redaktionssystem, dass Basiskomponenten zur Verfügung stellt und eher für wenige Nutzer von bis zu 5 Redakteuren ausgelegt ist. Es kann ohne großen Einführungsaufwand umfassende Dokumente erstellen und verwalten und gehört zu den Systemen, die auch mit kleinem Budget bezahlbar sind. Als Basistechnologie ist dabei Microsoft.NET und Java zu nennen. Aufgrund dieser Technologie kann dieses mehrschichtige, modulare System ohne großen Aufwand weiterentwickelt und über Upgrades angepasst werden.

Mit einer Vielzahl von Schnittstellen können verschiedene Fremdsysteme wie zum Beispiel Translation-Management-Systeme für Übersetzungen angebunden werden. Ein Editor, mit dem man alle Dokumentationsprodukte bearbeiten kann, bietet die Möglichkeit per Knopfdruck Zwischenstände und die Endfassungen von Dokumenten zu generieren. Dabei garantiert die zentrale Layout-Steuerung weitestgehend für fehlerfreies Arbeiten. Die Verwendung von XML sorgt für eine medienneutrale und systemunabhängige Datenhaltung.

Über Stücklisten kann ST Basic Line automatisiert Dokumente zusammenstellen. Dabei können bereits vorhandene Daten und Konfigurationen migriert werden. Erstellte Texte oder Textbausteine werden im System als autarke Informationsbausteine verwaltet und können bei Bedarf wiederverwendet werden. Eine Strukturansicht hilft dabei, en Überblick über die Verwendung der Bausteine zu behalten.

Das System ist sofort einsatzbereit und erfordert aufgrund einer Standardkonfiguration keine Anpassung. Aktualisierungen des Systems werden über Upgrades zur Verfügung gestellt.

Die Individualität von ST4 Basic Line entsteht durch die offenen Schnittstellen, die das System fast unbegrenzt erweiterbar machen und dadurch ein individuelles System schaffen. So können eigene Editoren verwendet und per Schnittstelle an das System angeschlossen werden.

---

[12] Quelle: http://www.schema.de/de/software/schema-st4/st4-basic-line.html

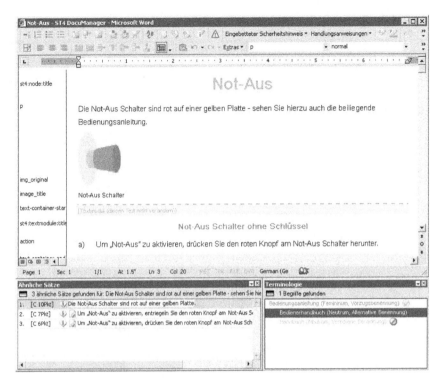

Abbildung 6: ST4 Basic Line DokuManager Benutzeroberfläche
(Quelle: http://www.schema.de/ images/content/autorenunterstuetzung_de.png)

Neben einer Varianten- und Sprachverwaltung besitzt ST4 Basic Line eine Versionsverwaltung. Über eine Ein- und Auscheckfunktion kann ein Team gleichzeitig an einem Projekt arbeiten ohne sich zu behindern. Es handelt sich bei dem Programm um eine Client-/Server-Installation, die paralleles Arbeiten ermöglicht. Die Multiuser-Fähigkeit wird durch die Vergabe von Rechten und Rollen sowie eine LDAP-Anbindung realisiert.

Publikationsgeneratoren für Druck, Internet und Online-Hilfen sorgen für die passgenaue Veröffentlichung von Dokumenten und erfüllen die dafür notwendigen Anforderungen an die Dokumente. So können qualitativ hochwertige Dokumente für den Druck als auch Publikationen mit geringem Speicherbedarf zur Onlineveröffentlichung generiert werden. Neben einem guten Multimedia- und Asset-Management verfügt das System über eine Bilddatenbank.

Weiterhin ist das System multilingual und unterstützt mehrere Varianten. Neben der Prozessunterstützung mit einem Übersetzungsmanagement verwaltet ST4 Basic Line ebenso Workflows. Es kann mit großen Datenmengen arbeiten und macht diese mittels umfangreicher Mechanismen durchsuchbar.

Aufgrund der Recherchen zu ST Basic Line ergibt sich folgende Bewertung:

Bereich		Anforderungen/Kriterien	Bewertung
AKAD	Eingabe	Texteingabe durch externe Autoren über Web-Client	ja
		Einbinden von Grafiken/Bildern (Farben)	ja
		Feste und wenige Formatvorlagen	ja
		Stichwortmarkierung	nein
		Formeleditor	nein
		Latex-Kompatibilität	nein
		Rechtschreibprüfung	ja
	Technik	Intuitive Bedienbarkeit (geringer Schulungsaufwand)	ja (hoher Schulungs-aufwand für Struktur und Templateerstellung)
		Server-/Cloudlösung	Serverlösung
		Seitenlayoutansicht	ja
		Druckfunktion	ja
		Verzeichnisgenerierung	ja
		Datenhaltung in XML	ja
		Dateiausgabeformate (Word, PDF, online, E-Pub)/Variantenverwaltung	ja
		Schnittstelle Druckerei	ja
	Administration	Verschiedene Formatumgebungen (z. B. für Studienbrief, Lehrgangsanleitung, wissenschaftl. Publikation, Klausuren)	ja
		Rechteverwaltung/Dateizugriffe	ja
		Rollenverwaltung (Autor, steuernder MA, Rechtschreibkorrektor, Studienleiter)	ja
		Dokumentenversionierung/Historie (Versionsverwaltung)	ja
		"Power-User" zur Qualitäts-/Terminkontrolle	ja
		Automatisierte Terminkontrolle (Frühwarnsystem/Ampel)	nein
		Content Management	ja
		Workflowkonzept	ja
		Statistik	nein
Eigene/allgemein	Konditionen	einmalige Kosten	121.075 €**
		laufende Kosten	117.315 €**
	Inhaltserstellung	WYSIWYG – Editor vorhanden	ja
		Integration eigener Skripte	Ja (VBA, C#)
		Direkte Einbindung anderer Medienformate außer Bilder	ja
		Blog-System vorhanden	nein
		Vorschaufunktion	ja
		Mehrsprachigkeit	ja
		Manuelle Eingabe von Metadaten wie Schlagwörter und Beschreibung	ja

Benutzerverwaltung	Mandantenfähigkeit	nein
	Möglichkeit zur Definition von Benutzergruppen bzw. Rollen	ja
	Vererbung von Benutzerrechten	nein
	Einschränkung von Benutzerrechten	ja
	Mehrstufige Freigabekontrolle und Workflows	ja
Benutzeroberfläche	Funktionsumfang	klein
	Konfiguration des Backends (z.B. durch Reduzierung der Eingabefelder).	nein
Service & Support	Dokumentation und Tutorials	ja
	Community	nein
	Support	ja
	Integrierte Update & Patches	ja
Installation	Installationsaufwand	gering
	Konfigurationsaufwand	hoch (besonders bei Templates)
	Benutzerfreundlichkeit für Redakteure	benutzerfreundlich
	Benutzerfreundlichkeit für Administratoren	sehr benutzerfreundlich
	Strukturelle Flexibilität	gering
	Systemvoraussetzungen	normal
Erweiterbarkeit & Kompatibilität	Erweiterung über Extentions/Module möglich	ja (kostenpflichtig oder eigene Schnittstellenprogrammierung)
	Erweiterung und Integration	ja
	Backend komplett browserbasiert	ja
	Reporting Funktionen	nein
	XML-Schnittstelle	ja
	Webstandards	HTML5, XML, JAVA
	Templatesprache	XML
Preis & Kosten	Lizenzmodell	Kauflizenz, Mietlizenz jeweils für Server und Clients

* realisierbar mit Zusatzmodul oder Plugin
** Recherche der AKAD

Tabelle 4: Bewertung ST4 Basic Line

ST4 Basic Line stellt sich im Vergleich als teures System mit eingeschränkten Funktionen heraus. Einige, von der AKAD gewünschten, Kriterien erfüllt das Produkt nicht. Jedoch ist es aufgrund der Vielzahl an Schnittstellen sehr flexibel und kann mit bereits bestehenden Programmen kombiniert werden.

6.3.   InterRed[13]

InterRed ist zum einen ein Print-Redaktionssystem und zum anderen ein Web- und Enterprise-Content-Management-System. Man kann es für Unternehmenswebseiten aber auch für Publikationen nutzen.

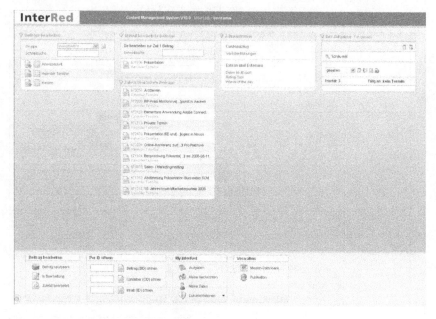

Abbildung 7: InterRed Dashboard
(Quelle: http://www.interred.de/imgs/8/9/0/6/Das-Dashboard-von-InterRed-erlaubt-die-Integration-externer-Widgets-682e6cbcd14f8006.jpg)

Auf technischer Ebene werden Inhalte, Layout und Struktur getrennt in einem zentralen, datenbankbasierten System abgelegt. InterRed wird bei der Produktion von Print-Erzeugnissen (z. B. Zeitschriften, Zeitungen, Katalogen, Geschäftsberichten) und digitalen Medien (z. B. Web, Mobile, Tablet) eingesetzt. Es ist kostenpflichtig und wird in der Regel im Jahresrhythmus als neue Version herausgebracht.

Die im Eigenbetrieb laufende CMS Architektur soll verschiedene Zielgruppen ansprechen. Dazu gehören Behörden, Communitys, Nutzer von Extranet, Internet, Intranet, Print sowie Radio, TV und Unternehmensportale. Dabei verwaltet InterRed Audio- & Videokataloge, Produkt- & Bildkataloge sowie Text- & Infoseiten.

---

[13] Quelle: http://www.interred.de/artikel/Redaktionssystem_86799.html

Das System verfügt über eine Reihe an Standard-Features wie zum Beispiel:

- A/B- und Multivariantentest
- Archivfunktion
- Batch Editing
- Benutzergruppen
- Business-Process-Management
- Chatsystem
- Community
- Content-Syndication
- CRM
- Crossmedia Publishing
- Downloadsystem
- Druckvorstufe
- ERP
- Versionssicherung
- Werbebanner-Management
- Workflow-Prozess

- Event-Management
- Feedbackformulare
- Forum
- Katalogmanagement
- Kategorisierung
- Knowledge-Management
- Kommentarfunktion
- konsistente Linkstruktur
- Mandantenfähig
- Medienverwaltung
- Mehrsprachigkeit
- Multi-Webseitenmanagement
- Newsletter
- WYSIWYG-Editor
- Zeigesteuerte Publikation

- Open Data Services
- Open ID
- Paid Content
- PIM
- Project & Task Management
- Seitenvorschau
- SEO
- Shop
- Single Sign On
- SiteMap
- Social Media
- Statistik
- Suchfunktion extern
- Suchfunktion intern
- Synchronisierung
- System-Skalierbarkeit
- Umfragesystem
- Verlagsinformationssystem
- Versionierung

Das CMS ist durch Programmierung beliebig erweiterbar, da es eine Reihe an Schnittstellen besitzt. Dafür sind Kenntnisse in den Programmier- und Skriptsprachen Java, PHP und XML notwendig.

Weiterhin gibt es mehrere Möglichkeiten, Inhalte in das System einzugeben. So kann man neben den einfachen Methoden Copy & Paste oder Drag & Drop auch Eingaben via Formular oder via Office-Schnittstelle vornehmen. Außerdem existieren ein WYSIWYG-Editor und die Möglichkeit zum Dateiupload.

Neben Text können auch andere Elemente verwendet werden wie zum Beispiel Audiodateien, Bilder, Grafiken, Links, Listen, Tabellen und Videos. Außerdem können Texte und Elemente umfangreich formatiert werden. Eine Rechtschreibprüfung bietet InterRed ebenfalls.

Das System ist mehrsprachig und kann auch mit internen Kommentaren und Metainformationen umgehen. Die Sichtbarkeit von Dokumenten kann über die Festlegung von Publikationszeiträumen gesteuert werden.

Zur Template-Erstellung sind Kenntnisse in HTML, XML/XSL, CSS, PHP oder Javascript von Vorteil.

Auch im Bereich Monitoring hat InterRed viel zu bieten. Es enthält eine eigene CMS-Statistik mit Auswertungen zu Besucherquellen, Visits, In-Page-Analysen und Page Impressions.

InterRed hat ein CMS-eigenes Sicherheitskonzept. Neben Bereichs-Passwortschutz können auch Captcha und die Login-Sicherheit genutzt werden. Dies ist auch für die Arbeitsumgebung wichtig, da hier neben einem lokalen Client auch das Arbeiten über einen Browser oder Mobil möglich ist.

Das System ist äußerst umfangreich. Anhand der Vergleichskriterien wird deutlich, dass das System sehr viele Punkte positiv erfüllt.

Bereich		Anforderungen/Kriterien	Bewertung
AKAD	Eingabe	Texteingabe durch externe Autoren über Web-Client	ja
		Einbinden von Grafiken/Bildern (Farben)	ja
		Feste und wenige Formatvorlagen	ja
		Stichwortmarkierung	ja
		Formeleditor	ja (mit Hilfe von Office)
		Latex-Kompatibilität	ja
		Rechtschreibprüfung	ja
	Technik	Intuitive Bedienbarkeit (geringer Schulungsaufwand)	ja
		Server-/Cloudlösung	Serverlösung
		Seitenlayoutansicht	ja
		Druckfunktion	ja
		Verzeichnisgenerierung	ja
		Datenhaltung in XML	ja
		Dateiausgabeformate (Word, PDF, online, E-Pub)/Variantenverwaltung	ja
		Schnittstelle Druckerei	ja
	Administration	Verschiedene Formatumgebungen (z. B. für Studienbrief, Lehrgangsanleitung, wissenschaftl. Publikation, Klausuren)	ja
		Rechteverwaltung/Dateizugriffe	ja
		Rollenverwaltung (Autor, steuernder MA, Rechtschreibkorrektor, Studienleiter)	ja
		Dokumentenversionierung/Historie (Versionsverwaltung)	ja
		"Power-User" zur Qualitäts-/Terminkontrolle	ja
		Automatisierte Terminkontrolle (Frühwarnsystem/Ampel)	ja
		Content Management	ja
		Workflowkonzept	ja
		Statistik	ja
	Konditionen	einmalige Kosten	Mind. 52.000 €**
		laufende Kosten	282.000 €**
Eigene/allgemein	Inhaltserstellung	WYSIWYG – Editor vorhanden	ja
		Integration eigener Skripte	Ja (PHP, Javascript)
		Direkte Einbindung anderer Medienformate außer Bilder	ja
		Blog-System vorhanden	ja
		Vorschaufunktion	ja
		Mehrsprachigkeit	ja
		Manuelle Eingabe von Metadaten wie Schlagwörter und Beschreibung	ja
	Benutzerverwaltung	Mandantenfähigkeit	ja
		Möglichkeit zur Definition von Benutzergruppen bzw. Rollen	ja
		Vererbung von Benutzerrechten	ja
		Einschränkung von Benutzerrechten	ja
		Mehrstufige Freigabekontrolle und Workflows	ja

	Funktionsumfang	sehr groß
Benutzeroberfläche	Konfiguration des Backends (z.B. durch Reduzierung der Eingabefelder).	nein
	Dokumentation und Tutorials	ja
Service & Support	Community	ja
	Support	ja
	Integrierte Update & Patches	ja
	Installationsaufwand	gering
	Konfigurationsaufwand	gering
	Benutzerfreundlichkeit für Redakteure	sehr benutzerfreundlich
Installation	Benutzerfreundlichkeit für Administratoren	sehr benutzerfreundlich
	Strukturelle Flexibilität	normal
	Systemvoraussetzungen	normal
	Erweiterung über Extentions/Module möglich	ja (kostenpflichtig oder eigene Schnittstellen-programmierung)
	Erweiterung und Integration	ja
Erweiterbarkeit &	Backend komplett browserbasiert	ja
Kompatibilität	Reporting Funktionen	ja
	XML-Schnittstelle	ja
	Webstandards	HTML5, XML, JAVASCRIPT
	Templatesprache	HTML, XML/XSL, CSS, PHP, Javascript
Preis & Kosten	Lizenzmodell	Standardversion, Profiversion, Kauflizenz

* realisierbar mit Zusatzmodul oder Plugin
** Recherche der AKAD

Tabelle 5: Bewertung InterRed

Anhand der Vergleichskriterien ist ersichtlich, dass das System alle Anforderungen weitestgehend erfüllt. Zusätzlich gibt es aber auch noch weitere Funktionen, die hier nicht verglichen wurden.

InterRed ist ein sehr ausgereiftes System, dass bezüglich seiner Zielgruppen entsprechende Top-Referenzen vorweisen kann. Viele Funktionen und Skalierbarkeit zeichnen InterRed aus. Leider erhält man sehr rudimentär Informationen über die Preisstruktur. Auf den ersten groben Blick scheint das System seinem Umfang entsprechend recht teuer zu sein. Außerdem ist für die Erstellung der Templates und der Erweiterungen über Schnittstellen externes Fachwissen notwendig.

6.4. CouchCMS[14]

CouchCMS ist ein Open Source-Produkt. Das macht das System anpassbar und somit sehr flexibel. So kann man das System egal welchen Kenntnisstand man im Bereich Programmierung hat. CouchCMS ist in PHP entwickelt worden und somit nicht nur erweiterbar, sondern auch schnell. Die Templates können statisch über HTML und CSS als auch dynamisch über XHTML erstellt werden. Die Basis bildet somit eine verhältnismäßig einfache Beschreibungssprache und ist auch für Nicht-Programmierer attraktiv.

---

[14] Quelle: http://docs.couchcms.com/

Neben einem Blog bietet das System auch ein Portfolio und eine Galerie an, was über ClonedPages zur Verfügung gestellt wird. Ebenfalls integriert sind Services von Google wie GoogleMaps, RSS-Feeds und Kalenderfunktionen. Selbst Shop-Features lassen sich inkludieren, wie beispielsweise Paypal-Bezahl-Funktionen.

Abbildung 8: CouchCMS Gallerie
(Quelle: http://docs.couchcms.com/assets/img/contents/photo-gallery-5.gif)

Leider verfügt das System nicht über ein Verzeichnis der Templates und Plugins. Auch die Verfügbarkeit neuer Plugins über das Basissystem hinaus ist stark eingeschränkt. Für Erweiterungen und Anbindungen an andere Systeme kann man die Schnittstellen des Systems nutzen, muss aber mit eigenem Programmieraufwand rechnen.

CouchCMS ist gut dokumentiert und kann kostenfrei genutzt werden. Es gibt jedoch auch eine kostenpflichtige Version, die mehr Funktionsumfang liefert. Hier muss jedoch jede Domain einzeln lizensiert werden.

Die folgende Tabelle zeigt weitere Features des Systems:

Bereich		Anforderungen/Kriterien	Bewertung
AKAD	Eingabe	Texteingabe durch externe Autoren über Web-Client	ja
		Einbinden von Grafiken/Bildern (Farben)	ja
		Feste und wenige Formatvorlagen	ja
		Stichwortmarkierung	nein
		Formeleditor	nein
		Latex-Kompatibilität	nein
		Rechtschreibprüfung	ja

<div style="writing-mode:vertical-lr">Eigene/allgemein</div>	Technik	Intuitive Bedienbarkeit (geringer Schulungsaufwand)	ja
		Server-/Cloudlösung	Serverlösung
		Seitenlayoutansicht	ja
		Druckfunktion	ja
		Verzeichnisgenerierung	nein
		Datenhaltung in XML	ja
		Dateiausgabeformate (Word, PDF, online, E-Pub)/Variantenverwaltung	beschränkt
		Schnittstelle Druckerei	nein
	Administration	Verschiedene Formatumgebungen (z. B. für Studienbrief, Lehrgangsanleitung, wissenschaftl. Publikation, Klausuren)	ja
		Rechteverwaltung/Dateizugriffe	ja
		Rollenverwaltung (Autor, steuernder MA, Rechtschreibkorrektor, Studienleiter)	Ja (eingeschränkt)
		Dokumentenversionierung/Historie (Versionsverwaltung)	ja
		"Power-User" zur Qualitäts-/Terminkontrolle	ja
		Automatisierte Terminkontrolle (Frühwarnsystem/Ampel)	nein
		Content Management	ja
		Workflowkonzept	Ja (rudimentär)
		Statistik	nein
	Konditionen	einmalige Kosten	kostenlos
		laufende Kosten	kostenlos
	Inhaltserstellung	WYSIWYG – Editor vorhanden	ja
		Integration eigener Skripte	ja (PHP)
		Direkte Einbindung anderer Medienformate außer Bilder	ja
		Blog-System vorhanden	ja
		Vorschaufunktion	ja
		Mehrsprachigkeit	nein
		Manuelle Eingabe von Metadaten wie Schlagwörter und Beschreibung	ja
	Benutzerverwaltung	Mandantenfähigkeit	nein
		Möglichkeit zur Definition von Benutzergruppen bzw. Rollen	nein
		Vererbung von Benutzerrechten	nein
		Einschränkung von Benutzerrechten	ja
		Mehrstufige Freigabekontrolle und Workflows	Ja (eingeschränkt)
	Benutzeroberfläche	Funktionsumfang	klein
		Konfiguration des Backends (z.B. durch Reduzierung der Eingabefelder).	nein
	Service & Support	Dokumentation und Tutorials	ja
		Community	ja
		Support	ja
		Integrierte Update & Patches	ja

	Installationsaufwand	gering
	Konfigurationsaufwand	gering
Installation	Benutzerfreundlichkeit für Redakteure	benutzerfreundlich
	Benutzerfreundlichkeit für Administratoren	Standard
	Strukturelle Flexibilität	normal
	Systemvoraussetzungen	gering
	Erweiterung über Extentions/Module möglich	ja
	Erweiterung und Integration	ja
	Backend komplett browserbasiert	ja
Erweiterbarkeit & Kompatibilität	Reporting Funktionen	nein
	XML-Schnittstelle	ja
	Webstandards	HTML, XML, XHTML
	Templatesprache	HTML, XML/XSL, CSS, PHP, XHTML
Preis & Kosten	Lizenzmodell	OpenSource

* realisierbar mit Zusatzmodul oder Plugin
** Recherche der AKAD

Tabelle 6: Bewertung CouchCMS

CouchCMS ist sehr einfach gestrickt. Das hat den Vorteil, dass es auch leicht und schnell zu erlernen ist. Die gute Dokumentation und der engagierte Support unterstützen dies zusätzlich. Der Kostenfaktor mit der kostenfreien OpenSource-Variante ist sehr einladend, wird aber durch evt. Programmieraufwand zur Umsetzung von Individualisierungen und Anpassungen getrübt.

Auch muss in der kostenfreien Variante ein Backlink zur Webseite von CouchCMS angelegt werden, der auf jeder Seite ersichtlich ist. Außerdem gibt es keine Mehrfach-Lizenzen, wenn man sich für die kostenpflichtige Variante entscheidet.

Das Berechtigungskonzept von CouchCMS ist im Vergleich zu anderen Systemen eher einfach und stößt mit einem komplexeren Rechte- und Rollensystem an seine Grenzen.

Außerdem zielt das System eher auf reine Onlinepublikationen. Für die Erstellung von Printmedien ist es nicht geeignet.

6.5. concrete5[15]

Concrete5 als Vertreter kostenloser CMS ist ein auf PHP basiertes Redaktionssystem. Da es aus dem Open-Source-Bereich stammt, ist es interessant für alle Website-Projekte mit kleinem Budget. Die sehr intuitiv gestaltete Oberfläche reduziert den Lernaufwand, sodass hohe Kosten durch die Anpassung des Systems vermieden werden können.Concrete5 gehört zu den eher kleinen aber in sich stimmigen Redaktionssystemen. Es kann mit verhältnismäßig wenig Aufwand vom Redakteur erlernt und souverän beherrscht werden, ohne dass Entwickler deswegen in ihrer Gestaltungsfreiheit bei der Entwicklung der Projektumgebung eingeschränkt sind.

[15] Quelle: http://documentation.concrete5.org/tutorials

Das System wird derzeit vorrangig im amerikanischen Raum eingesetzt. Die deutsche Community ist noch sehr klein und die deutsche Webpräsenz ist noch im Aufbau. Jedoch lassen sich mit Hilfe der amerikanischen Community die wesentlichsten Fragen oft klären. Weiterhin gibt es eine Online-Dokumentation, die sehr umfangreich und gut aufbereitet ist.

Abbildung 9: concrete5 RSS-Feeds
(Quelle: http://www.smartwebprojects.net/images/addons/rss-news-list/adding-new-post.jpg)

Concrete5 verfügt über alle gängigen Basisfunktionen. Neben einer Slideshow-Funktion, Youtube-Integration, Flash Support und diversen Umfragemodulen sind auch Abstimmungen, eine Suche, Sitemap, RSS, Secure File Distribution, Google Maps und ein Tool für die Formularerstellung in der Standardversion integriert. Für Redakteure existiert ein WYSIWYG Texteditor und ein In-Context-Editor, bei dem man beim Surfen die Website verändern kann. Flexible Metadaten und suchmaschinenfreundliche URLS für SEO komplettieren die Palette.

Ebenso sind folgende Funktionen verfügbar:

- automatische Navigationsergänzung
- Versionsverwaltung
- Previews
- Freigaben vor der Veröffentlichung
- Versionsarchive
- Option, Unterschiede zwischen Versionen aufzeigen zu lassen
- abgestufte Berechtigungen
- Drag-und-Drop für Content auf den einzelnen Seiten
- Scrapbook-Kopieroptionen für Inhalt und Funktionen
- komfortable und leichte Google-Analytics Integration
- Erweiterung durch zahlreiche Add-ons
- Zeitversetztes Veröffentlichen von Beiträgen.

Das System nutzt das Adodb Database Framework und bietet damit Zugriff auf Data Caching auf Query-Ebene, Tabellen im XML-Format und Data Portability

Concrete5 besitzt eine integrierte User Authentification. Außerdem kann man mit dem System Metadaten über User, Seiten und Dateien erweitern. Ein Dateimanager erlaubt die Ansicht, das Editieren und sogar den Import von Metadaten.

Addons, Vorlagen, Templates und ganze Zusatzfunktionalitäten können über den Marketplace des Produktes hinzugefügt werden. Dabei gibt es sowohl kostenlose als auch kostenpflichtige Erweiterungen. Dies macht das concrete5 sehr flexibel und individuell anpassbar.

Über concrete5 können Inhalte im Browser bearbeitet werden. Es gibt keine komplizierten Interfaces. Im eingeloggten Zustand wird eine Editierleiste eingeblendet und man hat die Möglichkeit, auf die Texte zu klicken, die man ändern möchte. Neben Texten können auch Layoutelemente per Drag-und-Drop im WYSIWYG-Modus verschoben und angepasst werden.

Concrete5 setzt auf einfache zeitnahe Bedienung und bietet neben zahlreichen Funktionen in der Standardversion viele Erweiterungsmöglichkeiten. Der Vergleich anhand der gewählten Kriterien wird dies verdeutlichen.

	Bereich	Anforderungen/Kriterien	Bewertung
AKAD	Eingabe	Texteingabe durch externe Autoren über Web-Client	ja
		Einbinden von Grafiken/Bildern (Farben)	ja
		Feste und wenige Formatvorlagen	ja
		Stichwortmarkierung	ja
		Formeleditor	ja (Addon)
		Latex-Kompatibilität	ja
		Rechtschreibprüfung	ja
	Technik	Intuitive Bedienbarkeit (geringer Schulungsaufwand)	ja
		Server-/Cloudlösung	Serverlösung
		Seitenlayoutansicht	ja
		Druckfunktion	ja
		Verzeichnisgenerierung	ja
		Datenhaltung in XML	ja
		Dateiausgabeformate (Word, PDF, online, E-Pub)/Variantenverwaltung	ja (erweiterbar über Addons)
		Schnittstelle Druckerei	ja
	Administration	Verschiedene Formatumgebungen (z. B. für Studienbrief, Lehrgangsanleitung, wissenschaftl. Publikation, Klausuren)	ja
		Rechteverwaltung/Dateizugriffe	ja
		Rollenverwaltung (Autor, steuernder MA, Rechtschreibkorrektor, Studienleiter)	ja
		Dokumentenversionierung/Historie (Versionsverwaltung)	ja
		"Power-User" zur Qualitäts-/Terminkontrolle	ja
		Automatisierte Terminkontrolle (Frühwarnsystem/Ampel)	ja (Addon)
		Content Management	ja
		Workflowkonzept	ja
		Statistik	ja (Addon)

Konditionen	einmalige Kosten	Kostenlos (im Standard)
	laufende Kosten	Kostenlos (im Standard)
Inhaltserstellung	WYSIWYG – Editor vorhanden	ja
	Integration eigener Skripte	Ja (PHP)
	Direkte Einbindung anderer Medienformate außer Bilder	ja
	Blog-System vorhanden	ja
	Vorschaufunktion	ja
	Mehrsprachigkeit	ja
	Manuelle Eingabe von Metadaten wie Schlagwörter und Beschreibung	ja
Benutzerverwaltung	Mandantenfähigkeit	nein
	Möglichkeit zur Definition von Benutzergruppen bzw. Rollen	ja
	Vererbung von Benutzerrechten	ja
	Einschränkung von Benutzerrechten	ja
	Mehrstufige Freigabekontrolle und Workflows	ja
Benutzeroberfläche	Funktionsumfang	sehr groß
	Konfiguration des Backends (z.B. durch Reduzierung der Eingabefelder).	ja
Service & Support	Dokumentation und Tutorials	ja (englisch)
	Community	ja (englisch)
	Support	ja (englisch)
	Integrierte Update & Patches	ja
Installation	Installationsaufwand	gering
	Konfigurationsaufwand	gering
	Benutzerfreundlichkeit für Redakteure	sehr benutzerfreundlich
	Benutzerfreundlichkeit für Administratoren	sehr benutzerfreundlich
	Strukturelle Flexibilität	hoch
	Systemvoraussetzungen	gering
Erweiterbarkeit & Kompatibilität	Erweiterung über Extentions/Module möglich	ja (teilweise kostenpflichtig)
	Erweiterung und Integration	ja
	Backend komplett browserbasiert	ja
	Reporting Funktionen	ja
	XML-Schnittstelle	ja
	Webstandards	HTML5, XML
	Templatesprache	HTML, XML/XSL, CSS, PHP
Preis & Kosten	Lizenzmodell	Standardversion, Erweiterung über Addons

* realisierbar mit Zusatzmodul oder Plugin
** Recherche der AKAD

Tabelle 7: Bewertung concrete5

Eigene/allgemein

36

Anhand der Vergleichskriterien wird ersichtlich, dass concrete5 trotz seiner Einfachheit durchaus mit seinen Funktionen und Erweiterungsmöglichkeiten mit bekannten Systemen mithalten kann. Auch ohne Programmierkenntnisse ist es mit Concrete5 möglich, professionelle Dokumente und Webseiten einzurichten. Das Content Management System ist einfach zu bedienen und nicht schwer zu erlernen. Trotzdem gestaltet sich das System sehr offen und flexibel. Erst bei größeren Projekten stößt concrete5 an seine Grenzen. Concrete5 ist bisher noch nicht sonderlich bekannt. Daher ist die Community auch noch nicht besonders groß und die Entwicklung von Erweiterungen dauert tendenziell länger als bei vergleichbaren aber bekannteren Systemen.

6.6. Redaxo[16]

Redaxo ist ein freies Content-Management-System auf Open Source Basis. Es eignet sich für kleine und mittlere Websites.

Neben einer Archiv-und Kommentarfunktion unterstützt das System die Verwaltung von Benutzergruppen. Es ist mehrsprachig und mandantenfähig. Ein Chatsystem, Content-Syndication, Feedbackformulare, ein Forum, ein Newslettersystem und eine Seitenvorschau komplettieren Redaxo. Außerdem unterstützt es Versionierung und besitzt einen integrierten Shop, eine interne Suchfunktion, eine Social Media-Anbindung und einen ausgereiften Workflow-Prozess. Der WYSIWYG-Editor hilft bei der Dateneingabe.

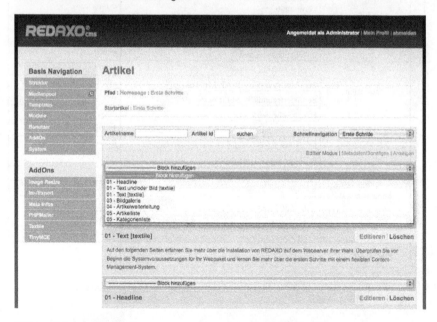

Abbildung 10: Redaxo - Blog hinzufügen
(Quelle: http://www.redaxo.org/files/rex42_screenshot_block_ hinzufuegen_1.jpg)

---

[16] Quelle: http://www.redaxo.org/de/doku/

Das CMS ist erweiterbar. Dazu sind PHP-Kenntnisse notwendig. Neben einem Link-Generator können Texte umfangreich formatiert werden. Außerdem unterstützt Redaxo die Nutzung von Bildern, Grafiken und Links.

Templates werden mit HTML und PHP erstellt. Kenntnisse in den Sprachen sind daher notwendig.

Redaxo bietet eine CMS-Statistik und liefert Informationen über Page Impressions und Visits.

Die Basis des Systems ist ein Linux-System mit einer MySQL-Datenbank als Grundlage. Damit setzt das System rein auf kostenlose Software, die unter der GNU General Public License vertrieben wird.

Im Vergleich liefert Redaxo folgende Aussagen zu den hier verwendeten Kriterien:

Bereich		Anforderungen/Kriterien	Bewertung
AKAD	Eingabe	Texteingabe durch externe Autoren über Web-Client	ja
		Einbinden von Grafiken/Bildern (Farben)	ja
		Feste und wenige Formatvorlagen	ja
		Stichwortmarkierung	nein
		Formeleditor	nein
		Latex-Kompatibilität	nein
		Rechtschreibprüfung	ja
	Technik	Intuitive Bedienbarkeit (geringer Schulungsaufwand)	ja
		Server-/Cloudlösung	Serverlösung
		Seitenlayoutansicht	ja
		Druckfunktion	ja
		Verzeichnisgenerierung	ja
		Datenhaltung in XML	ja
		Dateiausgabeformate (Word, PDF, online, E-Pub)/Variantenverwaltung	ja (kein ePub)
		Schnittstelle Druckerei	ja
	Administration	Verschiedene Formatumgebungen (z. B. für Studienbrief, Lehrgangsanleitung, wissenschaftl. Publikation, Klausuren)	ja
		Rechteverwaltung/Dateizugriffe	ja
		Rollenverwaltung (Autor, steuernder MA, Rechtschreibkorrektor, Studienleiter)	ja
		Dokumentenversionierung/Historie (Versionsverwaltung)	ja
		"Power-User" zur Qualitäts-/Terminkontrolle	ja
		Automatisierte Terminkontrolle (Frühwarnsystem/Ampel)	nein
		Content Management	ja
		Workflowkonzept	ja
		Statistik	ja
	Konditionen	einmalige Kosten	kostenlos
		laufende Kosten	keine

Eigene/allgemein	Inhaltserstellung	WYSIWYG – Editor vorhanden	ja
		Integration eigener Skripte	Ja (PHP)
		Direkte Einbindung anderer Medienformate außer Bilder	nein
		Blog-System vorhanden	nein
		Vorschaufunktion	ja
		Mehrsprachigkeit	ja
		Manuelle Eingabe von Metadaten wie Schlagwörter und Beschreibung	ja
	Benutzerverwaltung	Mandantenfähigkeit	ja
		Möglichkeit zur Definition von Benutzergruppen bzw. Rollen	ja
		Vererbung von Benutzerrechten	nein
		Einschränkung von Benutzerrechten	ja
		Mehrstufige Freigabekontrolle und Workflows	ja
	Benutzeroberfläche	Funktionsumfang	durchschnittlich
		Konfiguration des Backends (z.B. durch Reduzierung der Eingabefelder).	nein
	Service & Support	Dokumentation und Tutorials	ja
		Community	ja
		Support	ja
		Integrierte Update & Patches	ja
	Installation	Installationsaufwand	gering
		Konfigurationsaufwand	gering
		Benutzerfreundlichkeit für Redakteure	benutzerfreundlich
		Benutzerfreundlichkeit für Administratoren	benutzerfreundlich
		Strukturelle Flexibilität	hoch (bei PHP-Kenntnissen)
		Systemvoraussetzungen	gering
	Erweiterbarkeit & Kompatibilität	Erweiterung über Extentions/Module möglich	ja (kostenpflichtig oder eigene Schnittstellenprogrammierung)
		Erweiterung und Integration	ja
		Backend komplett browserbasiert	ja
		Reporting Funktionen	nein
		XML-Schnittstelle	ja
		Webstandards	HTML5, XML
		Templatesprache	HTML, XML/XSL, CSS, PHP
	Preis & Kosten	Lizenzmodell	GNU General Public License

* realisierbar mit Zusatzmodul oder Plugin
** Recherche der AKAD

Tabelle 8: Bewertung Redaxo

Redaxo ist eine einfache Variante, ein CMS ohne Kosten zu nutzen. Natürlich gibt es auch eine „Pro-Version", die kostenpflichtig ist. Jedoch liefert die kostenfreie Version schon einige nützliche Funktionen, die für die Nutzung im mittelständischen Bereich durchaus ausreichend sein kann.

Das System besitzt alle üblichen Basisfunktionen und kann aufgrund der Programmierung in PHP problemlos erweitert werden. Die sehr aktive Community und das Forum sind dafür sehr nützlich.

Leider müssen aber wichtige Funktionen wie zum Beispiel SEO nachinstalliert werden. Dies und auch eventuelle Anpassungen erfordern einen gewissen Grad an Fachwissen. Da es derzeit noch wenige Erweiterungen für das System gibt, sind Programmierkenntnisse notwendig, wenn man das System individualisieren möchte.

6.7. Confluence[17]

Confluence ist kein Redaktionssystem im eigentlichen Sinne. Es handelt sich dabei um ein Wiki. Daher wird das System für den unternehmensinternen Einsatz und weniger für den öffentlichen Einsatz empfohlen. Im Internet sind nur wenige offen zugängliche Wikis von Confluence zu finden. Die Erklärung liegt in den Funktionen und dem lizenzorientierten Vermarktungsmodell. Es ist leistungsstark in der Verwaltung von Wiki-Seiten und Namensräumen, dem Umgang mit Office-Dokumenten, der Suche Dokumenten und im Bereich der unternehmensinternen Wiki-Administration. Sehr effizient ist es in der Zusammenarbeit von Vertrieb, Produktmanagement und Entwicklung sowie bei Sicherstellung der erforderlichen Vertraulichkeit.

Beim Editieren von Texten stellt Confluence durch zahlreiche Makros viele Möglichkeiten zur Verfügung um entstehenden Wiki-Seiten oder Dokumente anzupassen und bieten dem Autor viele Darstellungsoptionen. So ermöglicht es eine unkomplizierte Seitengestaltung und schnelle Veränderungen an Dokumenten.

Confluence besitzt ein eigenes anpassbares Dashboards mit eingeschränktem Umfang. Dabei ist die Optik stark an bekannte Systeme angelehnt, was die Bedienung einfach und intuitiv macht. Das System setzt auf intuitive und einfache Bearbeitung und Strukturierung durch Rich Text Editor und viele Templates.

Ein weiterer wichtiger Aspekt ist die Handhabung von Plugins und ähnlichen Konzepten. Confluence stellt viele, teils kostenfreie Erweiterungen zur Verfügung. Daher wird es sehr flexibel.

Das System setzt innerhalb der Entwicklung auf OpenSource Frameworks und JEE. Daher sind Erweiterungen problemlos möglich. Weiterhin können auch LDAP und SSO genutzt werden, so das Confluence sich gut in die IT-Landschaft integrieren lässt.

Die Inhalte werden strukturiert abgelegt und hierarchisch verwaltet. Diese Hierarchie kann jederzeit angepasst werden. Alle Interaktionen können angezeigt und auf Favoritenbereiche gefiltert werden.

Confluence gliedert seine Rechtevergabe in globale Berechtigungen, Bereichsberechtigungen und Seitenberechtigungen. Rechte können dabei entweder an einzelne Benutzer oder an Benutzergruppen vergeben werden. Den Umgang mit Workflows beherrscht Confluence standardmäßig nicht. Dies kann aber über Plugins nachgerüstet werden.

---

[17] Quelle: https://de.atlassian.com/software/confluence

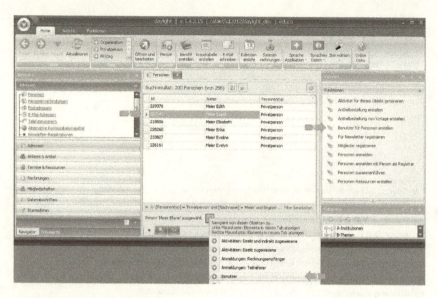

Abbildung 11: Confluence - Benutzer hinzufügen
(Quelle: https://confluence.educo.ch/download/ attachments/ 31688112/image2015-11-6%2011%3A17%3A41.png?version=1&modificationDate =1446805795680&api=v2)

Weitere Funktionen und Anwendungsmöglichkeiten sind in der folgenden Tabelle anhand der Vergleichskriterien zusammengefasst:

	Bereich	Anforderungen/Kriterien	Bewertung
AKAD	Eingabe	Texteingabe durch externe Autoren über Web-Client	ja
		Einbinden von Grafiken/Bildern (Farben)	ja
		Feste und wenige Formatvorlagen	ja
		Stichwortmarkierung	nein
		Formeleditor	nein
		Latex-Kompatibilität	nein
		Rechtschreibprüfung	ja
	Technik	Intuitive Bedienbarkeit (geringer Schulungsaufwand)	ja
		Server-/Cloudlösung	Server-/Cloudlösung
		Seitenlayoutansicht	ja
		Druckfunktion	ja
		Verzeichnisgenerierung	nein
		Datenhaltung in XML	ja
		Dateiausgabeformate (Word, PDF, online, E-Pub)/Variantenverwaltung	ja (eingeschränkt)
		Schnittstelle Druckerei	nein

Eigene/allgemein	Administration	Verschiedene Formatumgebungen (z. B. für Studienbrief, Lehrgangsanleitung, wissenschaftl. Publikation, Klausuren)	ja
		Rechteverwaltung/Dateizugriffe	ja
		Rollenverwaltung (Autor, steuernder MA, Rechtschreibkorrektor, Studienleiter)	ja
		Dokumentenversionierung/Historie (Versionsverwaltung)	ja
		"Power-User" zur Qualitäts-/Terminkontrolle	ja
		Automatisierte Terminkontrolle (Frühwarnsystem/Ampel)	nein
		Content Management	ja
		Workflowkonzept	ja (über Plugin)
		Statistik	ja (über Plugin)
	Konditionen	einmalige Kosten	Serverlösung: 11000 $ Cloudlösung: keine
		laufende Kosten	Cloudlösung: 1000 $/Monat Serverlösung: keine
	Inhaltserstellung	WYSIWYG – Editor vorhanden	ja
		Integration eigener Skripte	ja (Java)
		Direkte Einbindung anderer Medienformate außer Bilder	nein
		Blog-System vorhanden	ja
		Vorschaufunktion	ja
		Mehrsprachigkeit	ja
		Manuelle Eingabe von Metadaten wie Schlagwörter und Beschreibung	ja
	Benutzerverwaltung	Mandantenfähigkeit	nein
		Möglichkeit zur Definition von Benutzergruppen bzw. Rollen	ja
		Vererbung von Benutzerrechten	nein
		Einschränkung von Benutzerrechten	nein
		Mehrstufige Freigabekontrolle und Workflows	ja
	Benutzeroberfläche	Funktionsumfang	durchschnittlich
		Konfiguration des Backends (z.B. durch Reduzierung der Eingabefelder).	nein
	Service & Support	Dokumentation und Tutorials	ja
		Community	ja
		Support	ja
		Integrierte Update & Patches	ja
	Installation	Installationsaufwand	gering
		Konfigurationsaufwand	mittel
		Benutzerfreundlichkeit für Redakteure	benutzerfreundlich
		Benutzerfreundlichkeit für Administratoren	benutzerfreundlich
		Strukturelle Flexibilität	durchschnittlich
		Systemvoraussetzungen	gering

		Erweiterung über Extentions/Module möglich	ja (kostenpflichtig und kostenfrei)
	Erweiterbarkeit & Kompatibilität	Erweiterung und Integration	ja
		Backend komplett browserbasiert	ja
		Reporting Funktionen	nein
		XML-Schnittstelle	ja
		Webstandards	HTML5, XML
		Templatesprache	HTML, XML/XSL, CSS
Preis & Kosten		Lizenzmodell	Benutzer-Lizenz

* realisierbar mit Zusatzmodul oder Plugin
** Recherche der AKAD

Tabelle 9: Bewertung Confluence

Confluence ist sehr stark an die Wiki-Thematik angelehnt. Gerade die Möglichkeit des kollektiven Arbeitens an verschiedenen Dokumenten verdeutlicht dies.

Die Editiermöglichkeiten bzw. Informationsaufbereitungsmöglichkeiten ist sehr stark ausgeprägt. Gemeinsam erstellte lebende, technische und vertriebliche Dokumentationen können beliebig ergänzt und kommentiert werden. Zweite wesentliche Anwendung ist die Nutzung von Confluence in Projekten zur Begleitung und Steuerung, wo auch die Blog-Funktionen eingesetzt werden kann. Daher wird Confluence meist unternehmensintern bzw. in einem geschlossenen Umfeld eingesetzt. Stärke von Confluence sind die vielen kostenfreien Systemerweiterungen. Die Community und Dokumentation ist sehr leistungsstark. Das System selbst ist Java-basiert und relativ einfach zu installieren und administrieren. Nicht zuletzt bietet Confluence den Vorteil mit einem geringen zeitlichen Aufwand und überschaubaren Kosten sofort starten zu können, auch auf dem sicheren eigenen Server.

Dennoch ist der sehr stark ausgeprägte Wiki-Charakter hinderlich für das rein als Autor agierende Arbeiten. Die Funktionen im Bereich technischer Dokumentationen sind vorhanden, aber nur grundlegend ausgeprägt, so dass man beim intensiven Arbeiten zur Erstellung von Publikationen und Printmedien schnell an die Grenzen des Systems stößt.

7. Ergebnisse des Vergleichs

7.1. Bewertung der Systeme

Für die Bewertung der vorgestellten Redaktionssysteme wurde eine Bewertungsmatrix erstellt. Diese benotet die Vergleichskriterien. Die Bewertung wurde in die zwei Bereiche allgemeine Kriterien und AKAD-spezifische Kriterien unterteilt und mit einer Gewichtung pro Kriterium versehen. Die Gewichtung richtet sich nach einer mündlichen Befragung bzgl. der Wichtigkeit der Kriterien innerhalb der Fachabteilung Mediengestaltung.

Anhand der allgemeinen Vergleichskriterien ergab sich folgende Bewertungsmatrix.

Bewertungsmatrix zu den allgemeinen Vergleichskriterien										
				Author-it	ST4 Basic Line	Inter-Red	Couch-CMS	concrete 5	Redaxo	Confluence
Nr	Bewertungskriterien	Ausschlußgrenze *	Gewicht (G)	P	P	P	P	P	P	P
1	WYSIWYG – Editor		7	7	7	7	7	7	7	7
2	Integration eigener Skripte		1	1	1	1	1	1	1	1
3	Direkte Einbindung anderer Medienformate außer Bilder	keine Einbindg. möglich	5	4	3	5	3	5	4	5
4	Blog-System vorhanden		1	0	0	1	1	1	0	1
5	Rechtschreibprüfung	nicht vorhanden	5	5	5	5	5	5	5	5
6	Vorschaufunktion		4	4	4	4	4	4	4	4
7	Mehrsprachigkeit		4	4	4	4	0	4	4	4
8	Manuelle Eingabe von Metadaten wie Schlagwörter und Beschreibung		3	3	3	3	3	3	3	3
9	Mandantenfähigkeit		1	0	0	1	0	0	1	0
10	Möglichkeit zur Definition von Benutzergruppen bzw. Rollen		3	2	1	3	0	3	2	2
11	Vererbung von Benutzerrechten		2	0	0	2	0	2	0	0
12	Einschränkung von Benutzerrechten		3	3	3	3	3	3	3	0
13	Mehrstufige Freigabekontrolle und Workflows.		4	4	4	4	2	4	4	4
14	Intuitive Bedienung	nicht vorhanden	7	6	5	6	3	7	6	6
15	Funktionsumfang	zu gering	5	4	1	5	1	5	3	3
16	Konfiguration des Backends (z.B. durch Reduzierung der Eingabefelder).		1	1	1	1	1	1	0	0
17	Dokumentation und Tutorials	keine	3	3	3	3	3	3	3	3
18	Community		1	1	1	1	1	1	1	1
19	Support		2	2	2	2	2	2	2	2
20	Integrierte Update & Patches.		1	1	1	1	1	1	1	1
21	Installationsaufwand	extrem hoch	2	2	2	2	2	2	2	2
22	Konfigurationsaufwand	extrem hoch	4	3	1	4	4	4	4	2

23	Benutzerfreund-lichkeit für Redakteure	aus-reichend	6	6	5	6	5	6	5	5
24	Benutzerfreund-lichkeit für Administratoren	aus-reichend	6	6	6	6	4	6	5	5
25	Strukturelle Flexibilität		4	1	1	2	2	4	4	2
26	Systemvoraus-setzungen	zu hoch	1	1	1	1	1	1	1	1
27	Erweiterung über Extentions/ Module möglich		2	2	2	2	2	2	2	2
28	Erweiterung und Integration		2	2	2	2	2	2	2	2
29	Backend komplett browserbasiert		1	1	1	1	1	1	1	1
30	Reporting Funktionen		1	1	1	1	0	1	0	0
31	XML-Schnittstelle		4	4	4	4	4	4	4	4
32	Webstandards	keine vor-handen	2	2	2	2	2	1	1	1
33	Templatesprache		2	2	2	2	2	2	2	2
Summe			**100**	**88**	**79**	**97**	**72**	**98**	**87**	**81**

Legende	
P	**Punkte von 0 bis max. 7** 0 bedeutet, ein Kriterium ist nicht erfüllt Höchster Punktewert (z.B. 7) bedeutet, ein Kriterium ist bestmöglich erfüllt.

* Die Ausschlussgrenze gibt an, wann ein Kriterium nicht erfüllt ist.
Anbieter, die bei einem der Kriterien 0 Punkte erzielen, werden ausgeschlossen.
Der Anbieter mit dem höchsten Summenwert entspricht Ihren Anforderungen am besten.

Tabelle 10: Bewertungsmatrix der allgemeinen Kriterien inkl. Legende

Anhand der Tabelle wird ersichtlich, dass es verschiedene Kriterien wie das browserbasierte Backend, die Erweiterungs- und Integrationsmöglichkeiten oder Updates und Patches in allen System vorhanden und gleich bewertet sind. Diese Kriterien sind bei fast allen Systemen des Sektors Standard. Hier müssen auch innerhalb der Gewichtung keine Abstriche gemacht werden.

Die Ausschlussgrenze wurde bei keinem System und keinem Kriterium unterschritten. Da viele Kriterien nicht explizit als Muss-Kriterium definiert wurden, gibt es hier auch keine Ausschlussgrenze. Das Feld ist dort leer.

Weiterhin gibt es Eigenschaften wie zum Beispiel „Benutzerfreundlichkeit für Administratoren", bei denen die Gewichtung variiert, d.h. der eingegebene Punktewert zwischen 0 und der Höchstgewichtung liegt. Diese Unterscheidung gibt Auskunft darüber, ob eine Funktion bzw. ein Kriterium vollständig (wie gewünscht) im System wiederzufinden ist oder ob es nur teilweise integriert wurde oder über ein Plugin hinzugefügt werden muss.

Die Festlegung der vergebenen Punkte entspricht dem eigenen Eindruck, der sich durch Recherche und Tests von Demos ergeben hat.

Die Bewertungsmatrix zeigt in Summe zwei Systeme, die sich als Favoriten herauskristallisieren. InterRed und concrete5 liegen mit 97 und 98 Punkten sehr nahe am „perfekten" System und gehen aus dem ersten allgemeinen Vergleich aller Systeme verhältnismäßig klar als Sieger hervor.

Die zweite Bewertungsmatrix greift nochmals alle von der AKAD festgelegten Kriterien auf.
Die folgende Tabelle zeigt diese Matrix mit den vergebenen Bewertungspunkten.

Bewertungsmatrix zu den AKAD-spezifischen Vergleichskriterien										
				Author-it	ST4 Basic Line	Inter-Red	Couch-CMS	concrete 5	Redaxo	Con-fluence
Nr	Bewertungs-kriterien	Ausschluss-grenze *	Ge-wicht (G)	P	P	P	P	P	P	P
1	Texteingabe durch externe Autoren über Web-Client		6	6	6	6	6	6	6	6
2	Einbinden von Grafiken/ Bildern (Farben)	keine Einbindung möglich	5	4	3	5	3	5	4	5
3	Feste und wenige Format-vorlagen	keine Vorlagen	5	5	3	5	4	5	3	4
4	Stichwort-markierung		3	3	3	3	3	3	3	3
5	Formeleditor		3	2	0	3	0	2	0	0
6	Latex-Kompatibilität		2	0	2	0	0	2	0	0
7	Rechtschreib-prüfung	nicht vorhanden	5	5	5	5	5	5	5	5
8	Intuitive Bedienbarkeit (geringer Schulungsauf-wand)		7	6	5	6	3	7	6	6
10	Seitenlayout-ansicht		4	4	3	4	3	4	4	4
11	Druckfunktion		6	6	4	6	0	6	4	5
12	Verzeichnis-generierung		6	5	5	6	0	6	5	0
13	Datenhaltung in XML		4	4	4	4	4	4	4	4
14	Dateiausgabe-formate (Word, PDF, online, E-Pub)/ Varianten-verwaltung		4	2	4	4	1	3	2	1
15	Schnittstelle Druckerei		3	3	3	3	0	3	3	0
16	Verschiedene Formatum-gebungen (z. B. für Studienbrief, Lehrgangs-anleitung, wissenschaftl. Publikation, Klausuren)		5	4	3	5	3	5	4	4
17	Rechtever-waltung/Datei-zugriffe		3	3	3	3	3	3	3	0

18	Rollenver-waltung (Autor, steuernder MA, Rechtschreib-korrektor, Studienleiter)	3	2	1	3	0	3	2	2
19	Dokumenten-versionierung/Historie (Versionsver-waltung)	5	5	4	5	3	5	4	5
20	"Power-User" zur Qualitäts-/Termin-kontrolle	3	3	2	3	1	3	3	3
21	Automat. Termin-kontrolle	4	3	0	4	0	3	0	0
22	Content Management	7	6	5	7	4	7	6	7
23	Workflow-konzept	4	4	4	4	2	4	4	4
24	Statistik	3	2	0	3	0	2	3	2
	Summe	**100**	**87**	**72**	**97**	**48**	**96**	**78**	**70**

Legende	
P	**Punkte von 0 bis max. 7** 0 bedeutet, ein Kriterium ist nicht erfüllt Höchster Punktewert (z.B. 7) bedeutet, ein Kriterium ist bestmöglich erfüllt.

* Die Ausschlussgrenze gibt an, wann ein Kriterium nicht erfüllt ist.
Anbieter, die bei einem der Kriterien 0 Punkte erzielen, werden ausgeschlossen.
Der Anbieter mit dem höchsten Summenwert entspricht Ihren Anforderungen am besten.

Tabelle 11: Bewertungsmatrix der AKAD-spezifischen Kriterien inkl. Legende

Die zweite Bewertungsmatrix enthält alle von der AKAD festgelegten Vergleichskriterien. Einige dieser Kriterien wurden schon in der ersten Matrix bewertet. Diese wurden in der zweiten Tabelle übernommen.

Der Vergleich unter den Systemen zeigt, dass es auch hier Funktionen gibt (z.B. Rechteverwaltung), die jedes CMS besitzt. Jedoch schwankt bei vielen Kriterien die Ausprägung. Daher wurde auch hier über die Gewichtung bewertet, in welchem Umfang die jeweilige Funktionalität im System vorhanden ist. So konnte zum Beispiel bei den Dateiausgabeformaten nur die volle Gewichtung vergeben werden, wenn auch alle für die AKAD wichtigen Formate verfügbar sind.

Auch bei dieser Bewertungsmatrix sind in Summe die Redaktionssysteme InterRed und concrete5 die führenden Systeme und gehen klar als Vergleichsspitzenreiter hervor.

Während concrete5 im Bereich Flexibilität und Handhabung geringfügig besser ist als InterRed, ist es dafür nicht mandantenfähig und bietet weniger Webstandards an. Außerdem besitzt InterRed diverse Statistiken, die bei concrete5 nur über ein Plugin hinzugefügt werden können. InterRed besitzt standardmäßig einen Formeleditor, während concrete5 Latex unterstützt.

Letztlich unterscheiden die beiden Systeme nur Kleinigkeiten. Beide liefern alles, was benötigt wird und bringen eine Vielzahl zusätzlicher Features mit.

7.2. Empfehlung für die AKAD

Der Vergleich der Redaktionssysteme hat die CMS InterRed und concrete5 als klare Sieger hervorgebracht. Der Vergleich orientierte sich an der Funktionalität und der Handhabung. Nun sollen auch noch Kriterien Berücksichtigung finden, die nicht in den Bewertungsmatrizen analysiert wurden.

In den vorangegangenen Kapiteln wurden auch die Kosten und Lizenzen betrachtet. Beides sind ebenfalls Kriterien, die ausschlaggebend für eine Anschaffung und Nutzung eines Systems sein können.

InterRed ist vom Funktionsumfang größer als concrete5. Allerdings ist es mit laufenden Kosten von über 200.000 € und Einmalkosten von über 50.000 € sehr teuer. Außerdem müssen auch bei diesem CMS diverse Erweiterungen käuflich erworben werden. Jedoch ist der Support unschlagbar und wird in der Community sehr gelobt. Außerdem ist es ein bekanntes System. Daher sind auch die Dokumentationen in Deutsch erhältlich. Concrete5 ist in Europa wenig verbreitet. Sämtliche Dokumentationen und der Support sind nur in Englisch erhältlich.

Concrete5 ist im Standard kostenlos. Man kann die Standard-Version auch für kommerzielle Zwecke nutzen. Jedoch ist das System stark modular aufgebaut. Viele Funktionen müssen über Plugins dem System hinzugefügt werden. Diese Plugins sind nicht immer kostenlos. Das Entwickeln von Erweiterungen kann auch selbst durchgeführt werden. Dies bedarf aber Ressourcen, da man dazu eine Person benötigt, die PHP programmieren kann.

Concrete5 benötigt zur Installation einen Server. Jedoch kann dieser virtuell sein und benötigt keine großen Ressourcen. Damit sind die Kosten für die Bereitstellung des Systems vernachlässigbar, da das System auf einem bestehenden Server installiert werden kann. InterRed ist ebenso eine Serverlösung und könnte auf bestehenden Systemen installiert werden. Dadurch würden sich die laufenden Kosten reduzieren. Jedoch rät der Hersteller von dieser Variante ab.

Schlussfolgernd könnte die AKAD Bildungsgesellschaft mbH beide Systeme problemlos einsetzen. Vor dem Hintergrund der hohen Kosten von InterRed ist concrete5 das zu empfehlende System.

Concrete5 ist ein leichtes CMS, das alle Funktionen mitbringt, die für den professionellen Einsatz notwendig sind. Wenn man sich den Einsatz innerhalb der AKAD Bildungsgesellschaft mbH vorstellt, kann concrete5 den vollen Umfang der gewünschten Funktionalitäten erfüllen ohne immense Kosten zu verursachen. Die Installation ist einfach. Dies ermöglicht einen schnellen Einsatz im Unternehmen. Die Konfiguration des Systems ist ebenfalls einfach und auch gut dokumentiert.

Die Einarbeitung in das System ist aufgrund der intuitiven Bedienung gut realisierbar. Lediglich die Erstellung individueller Templates, die nicht im Vorlagenset zur Verfügung stehen, bedarf etwas Zeit.

Zusammenfassend kann man sagen, dass concrete5 eine gute Wahl für die AKAD Bildungsgesellschaft mbH wäre, da es nicht nur kostengünstig sondern auch einfach, nicht überdimensioniert und flexibel ist. Außerdem erfüllt es weitestgehend alle gestellten Anforderungen.

7.3. Fazit

Es ist nahezu ausgeschlossen, umfangreiche Content Management Systeme wie die hier betrachteten in einigen wenigen Absätzen zu analysieren. Außerdem gibt es sehr viele Systeme und der Standard ist mittlerweile so ausgeprägt, dass viele der Vergleichskriterien schon im Lieferumfang der Systeme enthalten sind.

Jedoch haben auf dem Markt verfügbare CMS sehr unterschiedliche Charaktere, Schwerpunkte und Besonderheiten. Zwar kann man mit entsprechendem Aufwand jedes System für nahezu jeden Zweck einsetzen. Es ist in der Regel aber sehr viel sinnvoller, ein von vornherein passendes CMS auszusuchen.

Die hier getroffene Auswahl an Redaktionssystemen war schon sehr stark an den Kriterien der AKAD angelehnt. Daher lagen die Bewertungsergebnisse sehr nah beieinander. Trotzdem haben sich zwei Systeme klar aus dem Vergleich herauskristallisiert. InterRed als Vertreter der kostenpflichtigen und concrete5 als Vertreter der kostenfreien Redaktionssysteme waren die Sieger des Vergleichs. Aus finanzieller Sicht konnte schließlich concrete5 empfohlen werden, da es zu über 95% den Anforderungen entspricht.

Tatsache ist, dass mit der Einführung von concrete5 das Arbeiten für den Fachbereich Mediengestaltung effektiver und einfacher werden kann.

Glossar

Die hier definierten Begriffe wurden als Zitate von den gegebenen Seiten in diesen Bericht kopiert.

Begriff	Definition	Quelle	Zeitpunkt des Aufrufes
Add-ons	Funktionserweiterung bestehender Hardware oder Software, ohne die die Basishard- oder -software problemlos verwendet werden kann. Ein Add-On wird i.d.R. vom selben Hersteller wie das Basissystem herausgegeben und ist stark mit dem System verzahnt. Im Gegensatz zu einem Plug-in kann ein Add-on jedoch nicht allein verwendet werden.	http://wirtschaftslexikon.gabler.de/Definition/add-on.html	04.2016
Adodb	ADOdb is a database abstraction library for PHP Originally based on the same concept as Microsoft's ActiveX Data Objects. It allows developers to write applications in a consistent way regardless of the underlying database system storing the information.	https://en.wikipedia.org/wiki/ADOdb	04.2016
Backend	Das Back-End ist im Gegensatz zum Front-End der Teil einer Client-Server-Architektur oder eines Computersystems, der teilnehmerfern liegt. Betrachtungsmäßig liegt er näher am System, wohingegen das Front-End näher am Benutzer liegt. Bei Websites versteht man unter Back-End den administrativen Bereich, den, in dem die Oberfläche bearbeitet, der Content eingestellt und die Webseite verwaltet wird.	http://www.itwissen.info/definition/lexikon/Back-End-back-end.html	04.2016
Batch Editing	Stapelverarbeitung, Batch-Verarbeitung, Batch Processing; Betriebsart eines Computersystems, bei der die Jobs der Benutzer jeweils als Ganzes abgearbeitet werden, ohne dass der Benutzer während der Bearbeitung Eingriffsmöglichkeiten hat.	http://wirtschaftslexikon.gabler.de/Definition/stapelbetrieb.html	04.2016
Blog	Ein Blog ist ein im Internet präsentierter Textinhalt, der in chronologisch gestalteter Reihenfolge eine Art öffentliches Tagebuch darstellt.	http://www.gruenderszene.de/lexikon/begriffe/blogger	04.2016
broken links	A broken link or dead link is a link on a web page that no longer works because the website is encountering one or more of the reasons below.	http://www.computerhope.com/jargon/b/broken_link.htm	04.2016
C#	C# (pronounced "C-sharp") is an object-oriented programming language from Microsoft that aims to combine the computing power of C++ with the programming ease of Visual Basic. C# is based on C++ and contains features similar to those of Java.	http://searchwindevelopment.techtarget.com/definition/C	04.2016
Captcha	A captcha is program used to verify that a human, rather than a computer, is entering data. Captchas are commonly seen at the end of online forms and ask the user to enter text from a distorted image. The text in the image may be wavy, have lines through it, or may be highly irregular, making it nearly impossible for an automated program to recognize it.	http://techterms.com/definition/captcha	04.2016
Client	(2005) wörtlich: „Kunde" – Der Client (ein Programm oder ein Computer) bezieht Daten und Dienste von einem Server. Beispiele für Client-Anwendungen sind E-Mail-Programme (die mit E-Mail-Servern kommunizieren) oder Web-Browser (die ihre darzustellenden Daten von Webservern beziehen). Hardware-Clients sind Computer in einem Netzwerk, die auf einen zentralen Server angewiesen sind. Man unterscheidet „Thin Clients" mit minimaler Hardwareausstattung, die im Grunde nur der Darstellung von Serverdaten auf dem Bildschirm und der Eingabe von Daten über Maus und Tastatur dienen und „Fat Clients", bei denen es sich um voll ausgestattete Personalcomputer handelt.	http://lexikon.martinvogel.de/client.html	04.2016

Cloud	Speichern von Daten in einem entlegenen Rechenzentrum	http://de.cdnetworks.com/u nternehmen/cdn-glossar/definition-cloud-server-und-daten-cloud/	04.2016
Commu-nity	Es handelt sich hierbei also um Gemeinschaften, die über das Medium Internet zusammenfinden und sich mithilfe verschiedenster Plattformen austauschen und miteinander in Kontakt treten. Synonym werden oftmals auch Virtual Community, virtuelle Gemeinschaft oder E-Community verwandt. Die Community ist zumeist auf eine bestimmte Art und Weise organisiert und ihre Mitglieder stehen in einer speziellen Beziehung miteinander.	http://www.gruenderszene.d e/lexikon/begriffe/online-community	04.2016
Content-Syndi-cation	Content syndication is the process of pushing your blog, site, or video content out into third-party sites, either as a full article, snippet, link, or thumbnail.	https://searchenginewatch.c om/sew/how-to/2049167/content-syndication-how-to-get-started	04.2016
Cross-Media-Publishing	Bei Cross Media Publishing (CMP) handelt es sich um einen Begriff, der ursprünglich in der Agenturumgebung geprägt wurde und in diesem Kontext den parallelen Einsatz verschiedener Werbemedien bezeichnet. Dabei sollten die verschiedenen Werbepublikationen im besten Falle so aufeinander aufbauen, dass sie den Werbeerfolg gegenüber unabhängigen Einzel-Publikationen steigern. In der IT-Branche wird der Ausdruck in ähnlicher Weise verwendet. Ausschlaggebend ist auch hier die parallele Publikation in mehreren Medien. Jedoch bezeichnet CMP im IT-Kontext nicht die Strategie, die dahinter steht, sondern den Einsatz einer Reihe von Technologien welche die Publikationsprozesse an sich optimieren. Durch deren weitgehende Automation und das Umgehen von redundanten Arbeitsprozessen bei der Aufbereitung von Inhalten für verschiedene Medien können mit professionellem CMP enorme Einsparungen erzielt werden.	http://www.marketing-boerse.de/Fachartikel/details /Cross-Media-Publishing-%96-ein-Begriff-und-eine-Idee-mit-vielen-Facetten/1345	04.2016
CSS	In einfachen Worten ist CSS eine Gestaltungshilfe für Webseiten. Es geht also um das Design bzw. den Stil (Form, Größe, Farbe, Positionierung etc.) und nicht um den Inhalt (worüber die Webseite informieren möchte).	http://www.janik.cc/webdesi gner-blog/2011/10/was-ist-css-einfache-erklarung-fur-anfanger/	04.2016
Drag& Drop	Drag & Drop, Ziehen und Fallenlassen, ist eine grafische Bedienfunktion, bei der Objekte, Dateien, Ordner, Piktogramme usw. durch einen Mausklick markiert und bei gedrückter Maustaste innerhalb der grafischen Benutzeroberfläche (GUI) verschoben (Drag) werden können.	http://www.itwissen.info/def inition/lexikon/Drag-und-Drop-drag-and-drop.html	04.2016
DTP	Desktop Publishing (DTP) ist eine Vorstufentechnik für die Erstellung von Druckschriften, Büchern, Broschüren und Katalogen auf dem Desktop. Übersetzt ist Desktop der Schreibtisch, bezogen auf Personal Computer ist es der Desktop-PC oder Desktop-Computer.	http://www.itwissen.info/def inition/lexikon/desktop-publishing-DTP.html	04.2016
Extention	Eine Extension (engl. Erweiterung) ist in der Informatik, speziell im Bereich wissensbasierter Systeme, eine Menge von Beispielen, die ein (von einer Maschine zu erlernendes) Konzept erfüllen.	https://de.wikipedia.org/wiki /Extension_%28Informatik%2 9	04.2016
Frame-Maker	FrameMaker ist ein professionelles Autorenwerkzeug zur Verwaltung und printorientierten Präsentation von technischen Dokumenten, das ursprünglich von der Firma Frame Technologies entwickelt und vertrieben wurde; Mitte der 1990er Jahre hat Adobe Systems die Firma übernommen.	https://de.wikipedia.org/wiki /FrameMaker	04.2016

HTML	Abk. für HyperText Markup Language; mithilfe der als ISO-Norm 8879 festgeschriebenen SGML (Standard Generalized Markup Language) definierte Auszeichnungssprache, die die logischen Bestandteile eines Dokuments wie Überschriften und Aufzählungen beschreibt. HTML wird dazu benutzt, Dokumente für das World Wide Web zu erstellen, die mithilfe eines Browsers angezeigt werden.	http://wirtschaftslexikon.gabler.de/Definition/html.html	04.2016
In-Page-Analysen	Als Ergänzung zur Webanalyse bieten sich In-Page-Analysen an. „Grundeinheit" dieser mit passenden Tools durchgeführten Analysen ist die Interaktion. Analysiert werden also etwa Klicks, Mausbewegungen und Tastatureingaben, durch die der Nutzer mit der Website interagiert.	http://conversionboosting.com/article/in-page-analyse-praxisguide-einkaufsfuehrer-und-online-vortrag_11115/	04.2016
Java	Java ist eine objektorientierte und plattformunabhängige Programmiersprache, deren Grundlagen in der ersten Hälfte der 1990er Jahre von Sun Microsystems entwickelt worden sind. Die Syntax von Java lehnt sich stark an C++ an, obwohl die Sprache selbst sich in vielen Punkten unterscheidet.	http://www.itwissen.info/definition/lexikon/Java.html	04.2016
Java-script	JavaScript ist eine vielseitige Programmiersprache, mit der sich komplexe Anwendungen entwickeln lassen. Interpreter für JavaScript sind in allen modernen Web-Browsern integriert, daher ist die Sprache erheblich verbreitet. Daneben wird JavaScript zum Scripten einiger populärer Software genutzt. JavaScript wird in der Hauptsache Client-seitig verwendet und es ist damit möglich, auf Webseiten dynamisch Einfluss zu nehmen.	http://www.itwissen.info/definition/lexikon/JavaScript-JavaScript.html	04.2016
Latex	Latex ist ein Textsatzsystem, mit dem man größere Schriftstücke wie Bücher, Diplomarbeiten, Masterarbeiten und Artikel erstellen kann. Da Latex ausgezeichnete Funktionalitäten zur Erstellung von Literaturlisten, Indexen und Glossaren bietet, ist es eine ideale Wahl für die Erstellung solch einer wissenschaftlichen Arbeit.	http://latex.hpfsc.de/	04.2016
LDAP	Das Lightweight Directory Access Protocol (LDAP) ist ein Software-Protokoll, das das Finden von Organisationen, individuellen Personen und anderen Ressourcen, zum Beispiel Dateien und Geräte, in einem Netzwerk ermöglicht. Bei dem Netzwerk kann es sich um das öffentliche Internet oder ein Intranet in Unternehmen handeln. LDAP ist eine leichtgewichtige Version des Directory Access Protocol (DAP) und Teil von X.500, einem Standard für Netzwerk-Verzeichnis-Services.	http://www.searchnetworking.de/definition/LDAP-Lightweight-Directory-Access-Protocol	04.2016
Open Data Services	Open Data Service (ODS) ist ein Standard der Association for Standardisation and Measuring Systems (ASAM), der weltweit von Automobilherstellern als Basis für die Datenablage von Test- und Messergebnissen eingesetzt wird. Diese umfangreichen Datensätze können von Partnerfirmen genutzt werden und fließen in die Produktentwicklung ein. Open Data Service macht aus den herstellerspezifischen Daten herstellerunabhängige. Die Daten der verschiedenen Hersteller werden dank Open Data Service vergleichbar. Sie können als Metadaten betrachtet und an jedem Ort zu jeder Zeit verglichen und genutzt werden.	http://www.itwissen.info/definition/lexikon/ODS-open-data-service.html	04.2016
Open ID	OpenID allows you to use an existing account to sign in to multiple websites, without needing to create new passwords.	http://openid.net/get-an-openid/what-is-openid/	04.2016
Open-Source	Konzept, nach dem Programme mit ihrem Quellcode ausgeliefert werden. Jeder darf den Quellcode einsehen und verändern. Die Open Source Initiative (OSI) definiert Kriterien, die Open Source Software erfüllen soll.	http://wirtschaftslexikon.gabler.de/Definition/open-source.html#definition	04.2016

Page Impress-ions	Page Impression ist ein Begriff aus dem Online-Marketing sowie aus der Internet-Marktforschung und hat sich mittlerweile zu einer gängigen Kennzahl für die Bewertung von Online-Produkten entwickelt. Der Begriff Page Impression wird mit PI abgekürzt, wobei synonym auch die Begriffe Seitenaufruf oder Page View (PV) verwendet werden. Ob nun Page Impression oder Page View – beide Begriffe bezeichnet den Aufruf einer einzelnen Seite innerhalb eines Webangebots und werden in der sogenannten Abrufstatistik einer Website erfasst und ausgewiesen.	http://www.gruenderszene.de/lexikon/begriffe/page-impression-pi	04.2016
Paid Content	Bezahlinhalt, Bezeichnung für Inhalte aller Art, die über digitale Verbreitungswege wie das Internet oder über mobile Dienste gegen Bezahlung verfügbar gemacht werden. Den Gegensatz zu Paid Content bilden (werbefinanzierte) Gratisinhalte. Als Bezahlprinzipien für Paid Content kommen zum einen transaktionsunabhängige Abonnement-Modelle in Betracht und zum anderen transaktionsabhängige Modelle, bei denen der Kunde für jedes einzelne Content-Objekt (Musikstück, Film, Printartikel etc.) gesondert bezahlt. Übliche Bezahlmethoden sind klassische Inkassoverfahren, Kreditkartenzahlung oder auch die Abrechnung über den Service-Provider. Während Paid Content im Business-to-Business-Bereich recht etabliert ist, stehen entsprechende Angebote im Business-to-Consumer-Sektor vor der Herausforderung mangelnder Akzeptanz und Kannibalisierung durch landläufig verfügbare kostenlose Angebote.	http://wirtschaftslexikon.gabler.de/Definition/paid-content.html	04.2016
PDF	Das Portable Document Format (PDF) ist ein universelles Containerformat zum Dokumentenaustausch, das alle Dokumententeile enthält und das Erscheinungsbild unverändert beibehält. So werden das Seitenlayout, die Typografie, der Font oder die Grafik originalgetreu in PDF-Dokumenten übernommen. Neben Text und Grafiken können auch Audio, Animationen und Video in PDF-Dokumente eingebunden werden.	http://www.itwissen.info/definition/lexikon/portable-document-format-PDF-PDF-Dateiformat.html	04.2016
PHP	PHP ist eine Computersprache, mit der Webserver gesteuert werden. Sie wird als freie Software unter der PHP-Lizenz verbreitet. Die Abkürzung PHP steht für *Personal Home Page Tools*, ebenfalls zugewiesen wird ihr die Bedeutung von *Hypertext Preprocessor*. Es handelt sich um eine Skriptsprache; Programme, die mit ihr codiert und als einfache Textdateien abgespeichert sind, werden zum Zeitpunkt ihres Aufrufs vom Webserver in Maschinencode umgerechnet, mit dem dieser "von Haus aus" arbeitet. PHP-Programme sind insofern in weiten Teilen plattformunabhängig und können auf verschiedenen Hardware-Systemen ausgeführt werden.	http://www.php-programmierer.de/definition-php/	04.2016
PIM	Der Leitgedanke hinter PIM-Systemen ist es, Produktinformationen in einer Datenbank medienneutral zu hinterlegen, so dass sie einmal eingegeben, angereichert und mehrfach in verschiedensten Formen in verschiedene Medien ausgegeben werden können – vom ERP-System über das Shop-System bis zum Print-Katalog.	http://blog.salesmachine.biz/ist-ein-pim-system-definition-produkt-informations-management-system/2015/01/21/	04.2016

Plugin	Zusatzprogramm, welches über eine vordefinierte Schnittstelle in ein Basisprogramm eingebunden wird und dessen Funktionsumfang erweitert. Anders als ein Add-on stammt ein Plug-in oftmals von anderen Herstellern als das Basisprogramm. Es bringt meist eigene Bibliotheken mit, auf denen es basiert und erhält vom Basissystem vielfach nur die benötigten Daten. Plug-ins sind oft aus eigenständigen Programmen entstanden und können deshalb im Gegensatz zu einem Add-on i.d.R. auch ohne das Basisprogramm verwendet werden. Prominentes Beispiel ist der Adobe Reader, der als Plug-in in Browser eingebettet werden kann.	http://wirtschaftslexikon.gabl er.de/Definition/plug-in.html	04.2016
Produktdat en-manage- ment- system	Produktdatenmanagement (PDM) ist ein Konzept, welches zum Gegenstand hat, produktdefinierende, - repräsentierende, -präsentierende Daten und Dokumente als Ergebnis der Produktentwicklung zu speichern, zu verwalten und in nachgelagerten Phasen des Produktlebenszyklus zur Verfügung zu stellen. Grundlage dieses Wirkens ist ein integriertes Produktmodell. Des Weiteren ist die Unterstützung der Produktentwicklung durch geeignete Methoden auf Basis von Prozessmodellen dem PDM zuzurechnen. Begleitend zum PDM entwickelt sich das Produktinformationsmanagement (PIM), welches auf die Bereitstellung von Produktinformationen für verschiedene Ausgabemedien, besonders im kaufmännischen Umfeld und Vertrieb, spezialisiert ist.	https://de.wikipedia.org/wiki /Produktdatenmanagement	04.2016
Scrap-book	a blank book in which various items (as newspaper clippings or pictures) are collected and preserved	http://www.merriam-webster.com/dictionary/scra pbook	04.2016
SEO	Suchmaschinenoptimierung heißt übersetzt Search Engine Optimization und wird deshalb oft in Anlehnung an die englische Fassung auch einfach als SEO abgekürzt. Suchmaschinenoptimierung ist ein Fachbegriff für die Gesamtheit aller Maßnahmen, die darauf abzielen, dass Webseiten in den organischen Suchergebnisseiten von Suchmaschinen wie beispielsweise Google auf höheren Plätzen gerankt und dadurch auch öfter von Usern besucht werden. Die Website wird im Rahmen der Suchmaschinenoptimierung so gestaltet, dass Suchmaschinen sie optimal lesen und analysieren können, sodass die Website im besten Fall unter den ersten zehn Such-Resultaten erscheint.	http://www.gruenderszene.d e/lexikon/begriffe/suchmasc hinenoptimierung-seo	04.2016
Single Source Publish-ing System	Das Single-Source-Publishing ist ein Verfahren, das dazu dient, Inhalte beliebig oft in unterschiedlicher Zusammenstellung für unterschiedliche Zwecke wiederzuverwenden.	http://www.author-it.de/SingleSourcePublishing. php	04.2016
SSO	Single-Sign-On (SSO) ist eine Universalstrategie für einen Netzwerk-Login, bei dem der Benutzer nur eine Einzelbenutzer-ID benötigt um sich den Zugang zu Rechnern, Anwendungen, Services oder Programmen im Netzwerk zu verschaffen. Single-Sign-On hat für Benutzer die Vorteile, dass sie ihre Passwörter nicht mehr pflegen und sich nicht mehr diverse, teilweise unsichere Passwörter, sondern nur noch ein Passwort merken müssen. Teilnehmer können nach einmaliger Authentifizierung ohne weitere Abfrage auf für sie freigegebene Ressourcen zugreifen.	http://www.itwissen.info/def inition/lexikon/single-sign-on-SSO.html	04.2016
Template	Eine Template ist eine Mustervorlage oder Schablonen für ein Dokument, das die wesentlichen Layout-Elemente enthält und mit Grafiken und Texten gefüllt werden kann.	http://www.itwissen.info/def inition/lexikon/Template-template.html	04.2016
Trans-lation-Memory	Eine Satzdatenbank, in der Übersetzungen während der Arbeit kontinuierlich gespeichert werden, damit sie künftig für neue Texte wiederverwendet werden können.	http://www.translationzone.c om/de/solutions/translation-memory/	04.2016

VBA	Visual Basic for Applications (VBA) ist eine vereinfachte Variante von Visual Basic (VB), die Microsoft als einheitliche Makrosprache für eigene Office-Programme entwickelt hat. So ist VBA Bestandteil von verschiedenen Anwendungsprogrammen wie Excel, Access, Word und PowerPoint. Andere Software-Anbieter setzen VBA auch in ihren Produkten ein.	http://www.itwissen.info/definition/lexikon/visual-basic-for-applications-VBA.html	04.2016
Wiki	Kurzform für WikiWiki oder WikiWeb, ein offenes Autorensystem für Webseiten. Wiki sind im World Wide Web (WWW) veröffentlichte Seiten, die von den Benutzern online geändert werden können. Im Gegensatz zu HTML wird mit einer vereinfachten Syntax gearbeitet, die ein leichtes Ändern der Inhalte ermöglicht.	http://wirtschaftslexikon.gabler.de/Definition/wiki.html	04.2016
WYSIWYG	WYSIWYG Editor steht für What You See Is What You Get (englisch für „was Du siehst, ist was Du bekommst") ist eine Art von Bearbeitungsprogramm für Grafik, Text oder Web-Anwendungen. Im Gegensatz zu klassischen Editoren wird bei einem WYSIWYG-Editor nicht nur der Quellcode, sondern die optische Ausgabe der Inhalte angezeigt. Die Inhalte können so gesehen und manipuliert werden, wie es am Ende auch angezeigt werden soll.	http://www.softselect.de/business-software-glossar/wysiwyg-editor	04.2016
XHMTL	'XHTML' bzw. Extensible Hypertext Markup Language ist eine aus HTML bzw. XML zusammengesetzte Programmiersprache für das Internet. Das Ziel von XHTML ist es, HTML irgendwann abzulösen.	http://www.seo-united.de/glossar/xhtml/	04.2016
XML	Extensible Markup Language (XML) dient der Beschreibung sowie dem Austausch von komplexen Datenstrukturen. Es ist eine erweiterbare Auszeichnungssprache mit der andere Auszeichnungssprachen um strukturierte Informationen erweitert werden können. XML dient der Beschreibung sowie dem Austausch von komplexen Datenstrukturen.	http://www.itwissen.info/definition/lexikon/extended-markup-language-XML.html	04.2016
XSL	XSL (Extensible Stylesheet Language), formerly called Extensible Style Language, is a language for creating a style sheet that describes how data sent over the Web using the Extensible Markup Language (XML) is to be presented to the user.	http://whatis.techtarget.com/definition/XSL-Extensible-Stylesheet-Language	04.2016

Tabelle 12: Definitionen mit Quellenangaben

Literaturverzeichnis

Fußnoten

[1] Quelle: **arocom GmbH.** Redaktionssystem, wozu dient es? *Redaktionssystem, wozu dient es?* [Online] 2016. https://www.arocom.de/de/fachbegriffe/redaktionssystem.

[2] Quelle: **Belsignum Designagentur Radulovic und Sommer GbR.** Redaktionssysteme, CMS Content Management System Joomla cms Typo3 cms Provider - Werbeagentur Webdesign München Designagentur, Typo3 Agentur. *Redaktionssysteme, CMS Content Management System Joomla cms Typo3 cms Provider - Werbeagentur Webdesign München Designagentur, Typo3 Agentur.* [Online] 2014. http://www.belsignum.de/typo3-internetagentur/redaktionssysteme.html.

[3] Quelle: **Janik, Michael.** Was ist ein Content Management System bzw. CMS? *Was ist ein Content Management System bzw. CMS?* [Online] http://www.janik.cc/webdesigner-blog/2012/04/cms-content-management-system/.

[4] Quelle: **Ehrhardt F. Heinold, Dr. Svenja Hagenhoff.** *Change Management in Fachverlagen.* Frankfurt am Main : Deutsche Fachpresse, 2010.

[5] Quelle: **ARAKANGA GmbH.** ARAKANGA: Technische Dokumentation, Technische Übersetzungen, Unternehmenskommunikation. *ARAKANGA: Technische Dokumentation, Technische Übersetzungen, Unternehmenskommunikation.* [Online] 2016. http://arakanga.de/redaktionssystemen/?L=%2Fproc%2Fself%2Fenviron.

[6] Quelle: **Ovidius GmbH.** Ovidius GmbH | Wir entwerfen XML-basierte Redaktions- und Publikationslösungen für die Industrie. Unsere Systeme sind präzise auf die Kundenanforderungen zugeschnitten, modular und skalierbar. *Ovidius GmbH | Wir entwerfen XML-basierte Redaktions- und Publikationslösungen für die Industrie. Unsere Systeme sind präzise auf die Kundenanforderungen zugeschnitten, modular und skalierbar.* [Online] 2015. 6 Quelle: https://www.ovidius.com%2Fwp-content%2Fuploads%2FWhitepaper_AuswahlCMS_DE.pdf.

[7] Quelle: **Lionbridge Technologies.** Professioneller Übersetzungs- und Lokalisierungsdienstleister | Lionbridge. *Professioneller Übersetzungs- und Lokalisierungsdienstleister | Lionbridge.* [Online] 2015. http://www.lionbridge.com/de-de/our-company/partners/.

[8] Quelle: **SCHEMA Consulting GmbH.** SCHEMA Gruppe - ST4 Basic Line. *SCHEMA Gruppe - ST4 Basic Line.* [Online] 2015. http://www.schema.de/de/software/schema-st4/st4-basic-line.html.

[9] Quelle: **InterRed GmbH.** InterRed | CMS mit den meisten Hochlast-Portalen. *InterRed | CMS mit den meisten Hochlast-Portalen.* [Online] 2016. http://www.interred.de/artikel/CMS-mit-den-meisten-Hochlast-Portalen_176421.html.

[10] Quelle: **Hermann, Floimayr.** Top 4 CMS Systeme - kostenlose - GRATIS CMS Content Management System. *Top 4 CMS Systeme - kostenlose - GRATIS CMS Content Management System.* [Online] 2016. http://www.gratis-cms.com/allgemein/top-4-kostenlose-cms-systeme-1239.htm.

[11] Quelle: **Semcon Communication GmbH.** Author-it - Single-Source-Redaktionssystem für die Technische Dokumentation. *Author-it - Single-Source-Redaktionssystem für die Technische Dokumentation.* [Online] 2014. http://www.author-it.de/.

[12] Quelle: **SCHEMA Consulting GmbH.** SCHEMA Gruppe - ST4 Basic Line. *SCHEMA Gruppe - ST4 Basic Line.* [Online] 2015. http://www.schema.de/de/software/schema-st4/st4-basic-line.html.

[13] Quelle: **InterRed GmbH.** InterRed | Das Redaktionssystem InterRed. *InterRed | Das Redaktionssystem InterRed.* [Online] 2016.
http://www.interred.de/artikel/Redaktionssystem_86799.html.

[14] Quelle: **Webzyme Softwares Pvt. Ltd.** Documentation | CouchCMS - A simple and Open-Source CMS for web designers. *Documentation | CouchCMS - A simple and Open-Source CMS for web designers.* [Online] 2013. http://docs.couchcms.com/.

[15] Quelle: **PortlandLabs Inc.** Tutorials: Learn how to perform common concrete5 Tasks. *Tutorials: Learn how to perform common concrete5 Tasks.* [Online] 2016.
http://documentation.concrete5.org/tutorials.

[16] Quelle: **Yakamara Media GmbH & Co. KG.** REDAXO - Content Management System [CMS] - Kostenlos - Frei - PHP - MySQL - Open-Source | Simple To Use | Dokumentation - Doku. *REDAXO - Content Management System [CMS] - Kostenlos - Frei - PHP - MySQL - Open-Source | Simple To Use | Dokumentation - Doku.* [Online] 2016. http://www.redaxo.org/de/doku/.

[17] Quelle: **Atlassian Pty Ltd.** Confluence - Team Collaboration Software | Atlassian. *Confluence - Team Collaboration Software | Atlassian.* [Online] 2016. https://de.atlassian.com/software/confluence..

Bildquellen

Abbildung 1: „RTEmagicC_Redaktionssystem_Aufbau.gif", http://arakanga.de/uploads/RTEmagicC_Redaktionssystem_Aufbau.gif.gif, 03.2016

Abbildung 2: „RTEmagicC_Typ_einfache_Redaktionssysteme.gif", http://arakanga.de/uploads/RTEmagicC_Typ_einfache_Redaktionssysteme.gif.gif, 03.2016

Abbildung 3: „RTEmagicC_Typ_XML-Redaktionssysteme.gif", http://arakanga.de/uploads/RTEmagicC_Typ_XML-Redaktionssysteme.gif.gif, 03.2016

Abbildung 4: „opensource-cms-demos-and-information.png ",
http://www.opensourcecms.com/general/cms-marketshare.php, 03.2016

Abbildung 5: „author-it_01900x579.png ", http://arakanga.de/typo3temp/pics/author-it_01900x579.png, 03.2016

Abbildung 6: „autorenunterstuetzung_de.png ", http://www.schema.de/images/content/autorenunterstuetzung_de.png, 03.2016

Abbildung 7: „Das-Dashboard-von-InterRed-erlaubt-die-Integration-externer-Widgets-682e6cbcd14f8006.jpg ", http://www.interred.de/imgs/8/9/0/6/Das-Dashboard-von-InterRed-erlaubt-die-Integration-externer-Widgets-682e6cbcd14f8006.jpg, 03.2016

Abbildung 8: „photo-gallery-5.gif", http://docs.couchcms.com/assets/img/contents/photo-gallery-5.gif, 03.2016

Abbildung 9: „adding-new-post.jpg", http://www.smartwebprojects.net/images/addons/rss-news-list/adding-new-post.jpg, 03.2016

Abbildung 10: „rex42_screenshot_block_ hinzufuegen_1.jpg",
http://www.redaxo.org/files/rex42_screenshot_block_ hinzufuegen_1.jpg, 03.2016

Abbildung 11: "image2015-11-6 11%3A17%3A41.png", https://confluence.educo.ch/download/ attachments/ 31688112/image2015-11-6%2011%3A17%3A41.png?version=1&modificationDate =1446805795680&api=v2, 03.2016